©

LE
PANTHÉON POPULAIRE.

DEUXIÈME SÉRIE.

TABLE DES MATIÈRES.

Deuxième série.

14 LE BOURGEOIS GENTILHOMME de Molière, illustré par Janet-Lange.	. . .	1 livraison.
15 LES FOURBERIES DE SCAPIN et LA COMTESSE D'ESCARBAGNAS.		1
16 L'ÉCOLE DES FEMMES et LA CRITIQUE DE L'ÉCOLE DES FEMMES		1
17 GEORGE DANDIN et L'AMOUR MÉDECIN, illustrés par Janet-Lange. . . .		1
18 L'ÉCOLE DES MARIS et SGANARELLE, illustrés par Janet-Lange		1
19 AMPHITRYON, illustré par Janet-Lange.		1
20 MONSIEUR DE POURCEAUGNAC et LE SICILIEN, illustrés par Janet-Lange .		1
21 LE MÉDECIN MALGRÉ LUI et L'IMPROMPTU DE VERSAILLES, ill. par J.-Lange.		1
22 DON JUAN et LE MARIAGE FORCÉ, illustrés par Janet-Lange.		1
23 PSYCHÉ, illustrée par Janet-Lange.		1
24 DON GARCIE DE NAVARRE et LES PRÉCIEUSES RIDICULES, ill. par J.-Lange.		1
25 LES FACHEUX et LA PRINCESSE D'ÉLIDE, illustrés par Janet-Lange. .		1
26 MÉLICERTE, PASTORALE; PASTORALE COMIQUE et LES AMANTS MAGNIFIQUES, illustrés par Janet-Lange.		1
27 VIE DE MOLIÈRE par E. de La Bédollière et L'ÉTOURDI, ill. par J.-Lange. .		1
28 ANDROMAQUE de Racine, illustrée par Pauquet.		1
29 BRITANNICUS, illustré par Pauquet.		1
30 BAJAZET, illustré par Pauquet.		1
31 MITHRIDATE, illustré par Pauquet.		1
32 IPHIGÉNIE, illustrée par Pauquet.		1
33 ESTHER, illustrée par Pauquet.		1
		20 livraisons.

PARIS. TYPOGRAPHIE PLON FRÈRES, 36, RUE DE VAUGIRARD.

LE

PANTHÉON

POUPLAIRE

CHEFS-D'ŒUVRE ILLUSTRÉS

DE LA LITTÉRATURE

PARIS,
GUSTAVE BARBA, LIBRAIRE-EDITEUR,
RUE DE SEINE, 31.

MOLIÈRE.

LES
FOURBERIES DE SCAPIN

SUIVIES DE

LA COMTESSE D'ESCARBAGNAS,

ILLUSTRÉES

PAR JANET-LANGE.

PRIX : **25** CENTIMES.

PARIS,
PUBLIÉ PAR GUSTAVE BARBA, LIBRAIRE-ÉDITEUR,
RUE DE SEINE, 31.

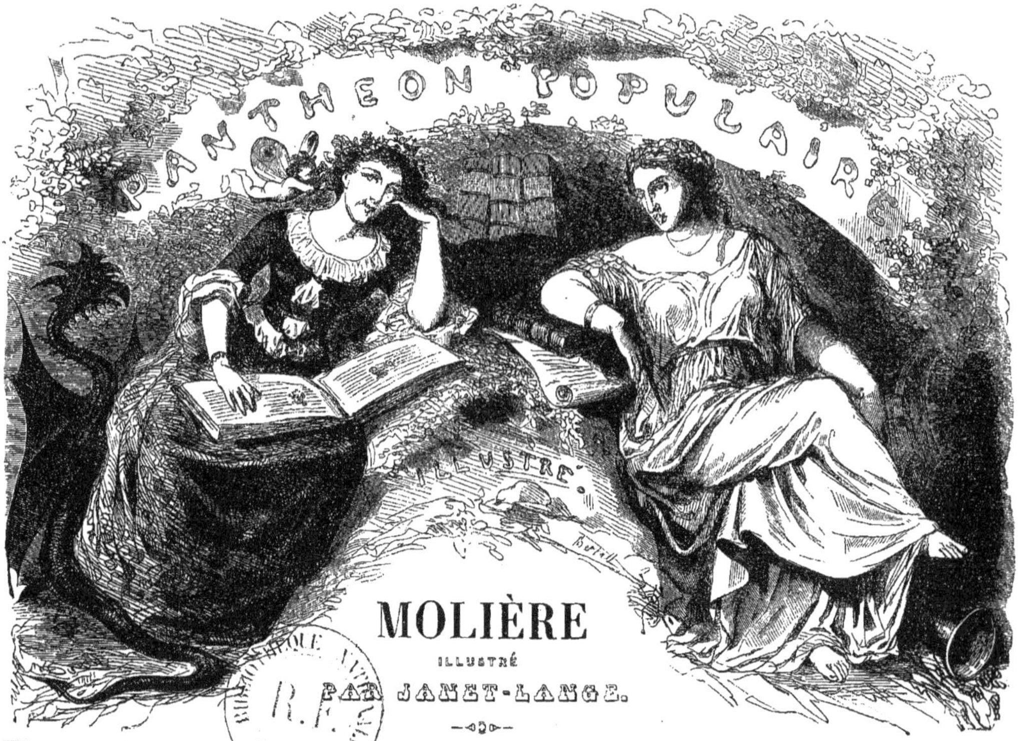
PANTHEON POPULAIRE
ILLUSTRÉ
MOLIÈRE
ILLUSTRÉ
PAR JANET-LANGE.

GUSTAVE BARBA, ÉDITEUR. BEST, HOTELIN ET RÉGNIER, GRAVEURS.

LES FOURBERIES DE SCAPIN,

COMÉDIE EN TROIS ACTES.

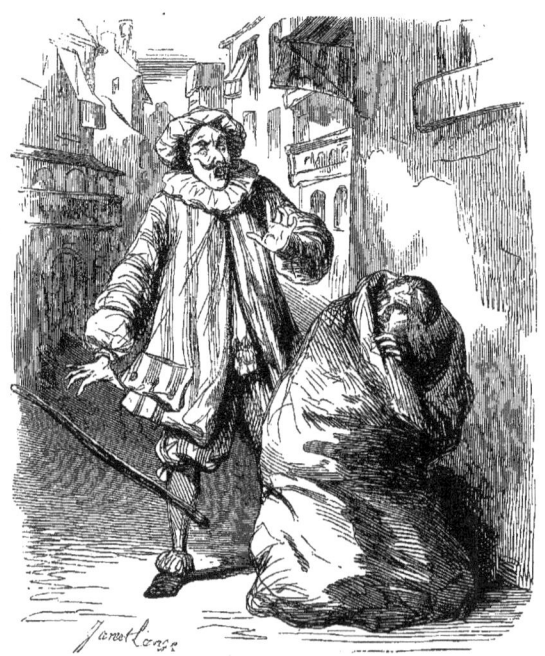

Comme Scapin est près de frapper, Géronte sort du sac, et Scapin s'enfuit (Act. III, sc. II.)

NOTICE

SUR

LES FOURBERIES DE SCAPIN.

L'idée première des *Fourberies de Scapin* appartient au poëte grec Apollodore, qui fit jouer à Athènes quarante-sept comédies, et fut couronné sept fois aux jeux olympiques. L'une de ses pièces, intitulée Ἐπιδικαζόμενος, nous a été conservée par une traduction de Térence, que Molière a lui-même transportée sur la scène française.

Voici l'analyse du *Phormion* de Térence.

Antiphon, fils de Démiphon, et Phédria son cousin ont été confiés par leurs pères absents à l'esclave Geta. Phédria devient amoureux d'une joueuse de luth que surveille de près un marchand d'esclaves intéressé, et Antiphon s'éprend d'une étrangère appelée Phanie, qu'il voit pleurant auprès du cercueil de sa mère. Un parasite, nommé Phormion, imagine d'actionner Antiphon, et de lui faire épouser Phanie en vertu d'une loi d'Athènes, qui ordonne aux orphelines de s'unir à leurs plus proches parents.

Les deux vieillards reviennent de Lemnos, où Chremès, père de Phédria, était allé rejoindre sa seconde femme et sa fille qu'il n'a pu retrouver. Il est désolé; et Démiphon est furieux que son fils se soit marié sans son consentement. Phormion offre de se charger de Phanie moyennant une somme d'argent que Chremès avance et qui sert à racheter la joueuse de luth, Pamphila. Au dénoûment, cette jeune fille est reconnue pour une riche et noble héritière, et l'on découvre que Phanie n'est autre que la fille de Chremès.

Molière s'est servi de cette intrigue et a imité plusieurs passages de Térence dans les scènes II, IV, V et VI de l'acte I, dans la scène VIII de l'acte II, et dans les scènes VII et VIII de l'acte III. Les partisans les plus fanatiques de l'antiquité sont forcés d'avouer que la comédie latine, malgré l'élégance du style, est dépourvue de cette gaieté pétillante et de ces heureuses péripéties qui ont éternisé le succès de la pièce française.

La première scène des *Fourberies de Scapin* a été

fournie à Molière par Rotrou, qui commence ainsi sa comédie de *la Sœur*, représentée en 1645.

LÉLIE. O fatale nouvelle, et qui me désespère !
Mon oncle te l'a dit, et le tient de mon père ?
ERGASTE. Oui.
LÉLIE. Que pour Éroxène il destine ma foi,
Qu'il doit absolument m'imposer cette loi ?
Qu'il promet Aurélie aux vœux de Polidore ?
ERGASTE. Je vous l'ai déjà dit, et vous le dis encore.
LÉLIE. Et qu'exigeant de nous ce funeste devoir,
Il nous veut obliger d'épouser dès ce soir ?
ERGASTE. Dès ce soir,
LÉLIE. Et tu crois qu'il te parlait sans feinte ?
ERGASTE. Sans feinte,
LÉLIE. Ah ! si d'amour tu ressentais l'atteinte,
Tu plaindrais moins ces mots qui te coûtent si cher,
Et qu'avec tant de peine il le faut arracher.
Et cet avare écho qui répond par ta bouche,
Serait plus indulgent à l'amour qui me touche.
ERGASTE. Comme on m'a tout appris, je vous l'ai rapporté,
Je n'ai rien oublié, je n'ai rien ajouté.
Que désirez-vous plus ?

Les commentateurs reprochent encore à Molière d'avoir copié la scène 11 de l'acte II dans le *Pédant joué* de Cyrano de Bergerac. Cet auteur composa sa pièce au collège de Clermont, où il était condisciple de Molière, et celui-ci lui fournit les détails comiques dont il a plus tard profité. Il pouvait dire avec raison : « Cette scène est assez bonne; elle m'appartenait de droit; il est permis de reprendre son bien partout où on le trouve. » Il y a du reste une immense distance entre Molière encore jeune, collaborateur de Cyrano, et Molière travaillant seul dans toute la force de son talent. Pour qu'on en puisse juger, nous mettons sous les yeux du lecteur la scène peu connue du *Pédant joué*.

SCÈNE IV.
CORBINELI, GRANGER, PAQUIER.

CORBINELI. — Hélas ! tout est perdu, votre fils est mort.
GRANGER. — Mon fils est mort ! es-tu hors de sens ?
CORBINELI. — Non, je parle sérieusement : votre fils à la vérité n'est pas mort, mais il est entre les mains des Turcs.
GRANGER. — Entre les mains des Turcs ? Soutiens-moi ; je suis mort.
CORBINELI. — A peine estions-nous entrez en batteau pour passer de la porte de Nesle au quay de l'Escole...
GRANGER. — Et qu'allois-tu faire à l'Escole, baudet ?
CORBINELI. — Mon maistre s'estant souvenu du commandement que vous luy avez fait d'acheter quelque bagatelle qui fust rare à Venise et de peu de valeur à Paris pour en régaler son oncle, s'estoit imaginé qu'une douzaine de cotres n'estant pas chers, et ne s'en trouvant point par toute l'Europe de mignons comme en cette ville, il devoit en porter là : c'est pourquoy nous passions vers l'Escole pour en acheter ; mais à peine avons-nous éloigné la coste, que nous avons esté pris par une galère turque.
GRANGER. — Hé ! de par le cornet retors de Triton dieu marin, qui jamais ouït parler que la mer fust à Saint-Cloud ? qu'il y eust là des galères, des pirates, ny des écueils ?
CORBINELI. — C'est en cela que la chose est plus merveilleuse, et quoy que l'on ne les aye point veus en France que là, que sçait on, s'ils ne sont point venus de Constantinople jusques icy entre deux eaux ?
PAQUIER. — En effet, monsieur, les Topinambours qui demeurent quatre ou cinq cens lieues au delà du monde, vinrent bien autrefois à Paris ; et l'autre jour encore les Polonais enlevèrent bien la princesse Marie, en plein jour, à l'hostel de Nevers, sans que personne osast branler.
CORBINELI. — Mais ils ne se sont pas contentez de cecy, ils ont voulu poignarder votre fils...
PAQUIER. — Quoy ! sans confession ?
CORBINELI. — S'il ne se rachetoit par de l'argent.
GRANGER. — Ah ! les misérables, c'estoit pour inculer la peur dans cette jeune poitrine.
PAQUIER. — En effet, les Turcs n'ont garde de toucher l'argent des chrétiens, à cause qu'il a une croix.

CORBINELI. — Mon maistre ne m'a jamais pu dire autre chose, sinon : Va-t'en trouver mon père, et luy dis.... Ses larmes aussitost suffoquant sa parole m'ont bien mieux expliqué qu'il n'eust sceu faire les tendresses qu'il a pour vous.
GRANGER. — Que diable aller faire aussi dans la galère d'un Turc ? Perge.
CORBINELI. — Ces écumeurs impitoyables ne me vouloient pas accorder la liberté de vous venir trouver, si je ne me fus jeté aux genoux du plus apparent d'entr'eux. Hé ! monsieur le Turc, luy ay-je dit, permettez-moy d'aller avertir son père, qui vous envoyera tout à l'heure sa rançon.
GRANGER. — Tu ne devois pas parler de rançon ; ils se seront moquez de toy.
CORBINELI. — Au contraire ; à ce mot il a un peu reserrené sa face. Va, m'a-t-il dit ; mais si tu n'es icy de retour dans un moment, j'iray prendre ton maistre dans son collège, et vous étrangleray tous trois aux antennes de nostre navire. J'avois si peur d'entendre encore quelque chose de plus fâcheux, ou que le diable ne me vînt emporter estant en la compagnie de ces excommuniez, que je me suis promptement jeté dans un esquif, pour vous avertir des funestes particularitez de cette rencontre.
GRANGER. — Que diable aller faire dans la galère d'un Turc ?
PAQUIER. — Qui n'a peut être pas été à confesse depuis dix ans.
GRANGER. — Mais pensez-tu qu'il soit bien résolu d'aller à Venise ?
CORBINELI. — Il ne respire autre chose.
GRANGER. — Le mal n'est donc pas sans remède. Paquier, donnez-moy le receptacle des instruments de l'immortalité, *scriptorium scilicet*.
CORBINELI. — Qu'en désirez-vous faire ?
GRANGER. — Ecrire une lettre à ces Turcs.
CORBINELI. — Touchant quoy ?
GRANGER. — Qu'ils me renvoyent mon fils, parce que j'en ay affaire ; qu'au reste ils doivent excuser la jeunesse, qui est sujette à beaucoup de fautes ; et que, s'il luy arrive une autre fois de se laisser prendre, je leur promets, foy de docteur, de ne leur en plus obtendre la faculté auditive.
CORBINELI. — Ils se moqueront, par ma foy, de vous.
GRANGER. — Va-t'en donc leur dire de ma part que je suis tout prest de leur répondre pardevant notaire, que le premier des leurs qui me tombera entre les mains, je le leur renvoyeray pour rien, (Ha ! que diable, que diable aller faire en cette galère ?) ou dis-leur qu'autrement je vais m'en plaindre à la justice. Sitost qu'ils l'auront remis en liberté, ne vous amusez ny l'un ny l'autre, car j'ay affaire de vous.
CORBINELI. — Tout cela s'appelle dormir les yeux ouverts.
GRANGER. — Mon Dieu ! faut-il estre ruiné à l'âge où je suis ? Va-t'en avec Paquier, prens le reste du teston que je luy donnay pour la dépense, il n'y a que huit jours, (Aller sans dessein dans une galère !) Prens tout le *reliqua* de cette pièce. (Ah ! malheureuse géniture ! tu me coustes plus d'or que tu n'es pesant.) Paye la rançon, et ce qui restera, employe-le en œuvres pies. (Dans la galère d'un Turc !) Bien, va-t'en. (Mais, misérable ! dis-moy, que diable allois-tu faire dans cette galère ?) Va prendre dans mes armoires ce pourpoint découpé que quitta feu mon père l'année du grand hyver.
CORBINELI. — A quoy bon ces fariboles ? Vous n'y estes pas. Il faut tout au moins cent pistoles pour sa rançon.
GRANGER. — Cent pistoles ! ha ! mon fils, ne tient-il qu'à ma vie pour conserver la tienne ! Mais cent pistoles ! Corbineli, va-t'en luy dire qu'il se laisse pendre sans dire mot ; cependant qu'il ne s'afflige point, car je les feray bien repentir.
CORBINELI. — Mademoiselle Génevotte n'estoit pas trop sotte, qui refusoit tantost de vous épouser, sur ce que l'on m'assuroit que vous estiez d'humeur, quand elle seroit esclave en Turquie, de l'y laisser.
GRANGER. — Je les feray mentir. S'en aller dans la galère d'un Turc ! Hé quoy faire, de par tous les diables, dans cette galère ? O galère ! galère, tu mets bien ma bourse aux galères !

Les *Fourberies de Scapin* furent représentées le 24 mai 1671, et eurent seize représentations consécutives. Boileau a pu dire avec raison qu'on n'y reconnaissait pas l'auteur du *Misanthrope ;* mais on y trouve des qualités d'un autre genre, qu'il a eut fort de dénigrer.

ÉMILE DE LA BÉDOLLIÈRE.

LES FOURBERIES DE SCAPIN.

PERSONNAGES.

ARGANTE, père d'Octave et de Zerbinette.
GÉRONTE, père de Léandre et d'Hyacinthe.
OCTAVE, fils d'Argante et amant d'Hyacinthe.
LÉANDRE, fils de Géronte et amant de Zerbinette.
ZERBINETTE, crue Égyptienne, et reconnue fille d'Argante, amante de Léandre.
HYACINTHE, fille de Géronte et amante d'Octave.
SCAPIN, valet de Léandre.
SILVESTRE, valet d'Octave.
NÉRINE, nourrice d'Hyacinthe.
CARLE, ami de Scapin.
DEUX PORTEURS.

La scène est à Naples.

ACTE PREMIER.

SCÈNE I.

OCTAVE, SILVESTRE.

OCTAVE. — Ah! fâcheuses nouvelles pour un cœur amoureux! Dures extrémités où je me vois réduit! Tu viens, Silvestre, d'apprendre au port que mon père revient?
SILVESTRE. — Oui.
OCTAVE. — Qu'il arrive ce matin même?
SILVESTRE. — Ce matin même.
OCTAVE. — Et qu'il revient dans la résolution de me marier?
SILVESTRE. — Oui.
OCTAVE. — Avec une fille du seigneur Géronte?
SILVESTRE. — Du seigneur Géronte.
OCTAVE. — Et que cette fille est mandée de Tarente ici pour cela?
SILVESTRE. — Oui.
OCTAVE. — Et tu tiens ces nouvelles de mon oncle?
SILVESTRE. — De votre oncle.
OCTAVE. — A qui mon père les a mandées par une lettre?
SILVESTRE. — Par une lettre.
OCTAVE. — Et cet oncle, dis-tu, sait toutes nos affaires?
SILVESTRE. — Toutes nos affaires.
OCTAVE. — Ah! parle si tu veux, et ne te fais point de la sorte arracher les mots de la bouche.
SILVESTRE. — Qu'ai-je à parler davantage? Vous n'oubliez aucune circonstance, et vous dites les choses tout justement comme elles sont.
OCTAVE. — Conseille-moi du moins, et me dis ce que je dois faire dans ces cruelles conjonctures.
SILVESTRE. — Ma foi, je m'y trouve autant embarrassé que vous; et j'aurais bon besoin que l'on me conseillât moi-même.
OCTAVE. — Je suis assassiné par ce maudit retour.
SILVESTRE. — Je ne le suis pas moins.
OCTAVE. — Lorsque mon père apprendra les choses, je vais voir fondre sur moi un orage soudain d'impétueuses réprimandes.
SILVESTRE. — Les réprimandes ne sont rien; et plût au ciel que j'en fusse quitte à ce prix! Mais j'ai bien la mine, pour moi, de payer plus cher vos folies; et je vois se former de loin un nuage de coups de bâton qui crèvera sur mes épaules.
OCTAVE. — O ciel! par où sortir de l'embarras où je me trouve?
SILVESTRE. — C'est à quoi vous deviez songer avant que de vous y jeter.
OCTAVE. — Ah! tu me fais mourir par tes leçons hors de saison.
SILVESTRE. — Vous me faites bien plus mourir par vos actions étourdies.
OCTAVE. — Que dois-je faire? Quelle résolution prendre? A quel remède recourir?

SCÈNE II.

OCTAVE, SCAPIN, SILVESTRE.

SCAPIN. — Qu'est-ce, seigneur Octave? Qu'avez-vous? Qu'y a-t-il? Quel désordre est-ce là? je vous vois tout troublé.
OCTAVE. — Ah! mon pauvre Scapin, je suis perdu, je suis désespéré, je suis le plus infortuné de tous les hommes.
SCAPIN. — Comment?
OCTAVE. — N'as-tu rien appris de ce qui me regarde?
SCAPIN. — Non.
OCTAVE. — Mon père arrive avec le seigneur Géronte; et ils me veulent marier.
SCAPIN. — Hé bien! qu'y a-t-il là de si funeste?
OCTAVE. — Hélas! tu ne sais pas la cause de mon inquiétude?
SCAPIN. — Non : mais il ne tiendra qu'à vous que je le sache bientôt; et je suis homme consolatif, homme à m'intéresser aux affaires des jeunes gens.

OCTAVE. — Ah! Scapin, si tu pouvais trouver quelque invention, forger quelque machine, pour me tirer de la peine où je suis, je croirais t'être redevable de plus que de la vie.
SCAPIN. — A vous dire la vérité, il y a peu de choses qui me soient impossibles, quand je m'en veux mêler. J'ai sans doute reçu du ciel un génie assez beau pour toutes les fabriques de ces gentillesses d'esprit, de ces galanteries ingénieuses, à qui le vulgaire ignorant donne le nom de fourberies; et je puis dire, sans vanité, qu'on n'a guère vu d'homme qui fût plus habile ouvrier de ressorts et d'intrigues, qui ait acquis plus de gloire que moi dans ce noble métier. Mais, ma foi, le mérite est trop maltraité aujourd'hui; et j'ai renoncé à toutes choses, depuis certain chagrin d'une affaire qui m'arriva...
OCTAVE. — Comment? quelle affaire, Scapin?
SCAPIN. — Une aventure où je me brouillai avec la justice.
OCTAVE. — La justice?
SCAPIN. — Oui : nous eûmes un petit démêlé ensemble.
SILVESTRE. — Toi et la justice?
SCAPIN. — Oui. Elle en usa fort mal avec moi; et je me dépitai de telle sorte contre l'ingratitude du siècle, que je résolus de ne plus rien faire. Baste! ne laissez pas de me conter votre aventure.
OCTAVE. — Tu sais, Scapin, qu'il y a deux mois que le seigneur Géronte et mon père s'embarquèrent ensemble pour un voyage qui regarde certain commerce où leurs intérêts sont mêlés.
SCAPIN. — Je sais cela.
OCTAVE. — Et que Léandre et moi nous fûmes laissés par nos pères, moi sous la conduite de Silvestre, et Léandre sous ta direction.
SCAPIN. — Oui. Je me suis fort bien acquitté de ma charge.
OCTAVE. — Quelque temps après, Léandre fit rencontre d'une jeune Égyptienne dont il devint amoureux.
SCAPIN. — Je sais cela encore.
OCTAVE. — Comme nous sommes grands amis, il me fit aussitôt confidence de son amour, et me mena voir cette fille, que je trouvai belle, à la vérité, mais non pas tant qu'il voulait que je la trouvasse. Il ne m'entretenait que d'elle chaque jour, m'exagérait à tous moments sa beauté et sa grâce, me louait son esprit; et me parlait avec transport des charmes de son entretien, dont il me rapportait jusqu'aux moindres paroles, qu'il s'efforçait toujours de me faire trouver les plus spirituelles du monde. Il me querellait quelquefois de n'être pas assez sensible aux choses qu'il me venait dire, et me blâmait sans cesse de l'indifférence où j'étais pour les feux de l'amour.
SCAPIN. — Je ne vois pas encore où ceci veut aller.
OCTAVE. — Un jour que je l'accompagnais pour aller chez les gens qui gardent l'objet de ses vœux, nous entendîmes, dans une petite maison d'une rue écartée, quelques plaintes mêlées de beaucoup de sanglots. Nous demandons ce que c'est ; une femme nous dit en soupirant que nous pouvions voir là quelque chose de pitoyable en des personnes étrangères, et qu'à moins d'être insensibles, nous en serions touchés.
SCAPIN. — Où est-ce que cela nous mène?
OCTAVE. — La curiosité me fit presser Léandre de voir ce que c'était. Nous entrons dans une salle, où nous voyons une vieille femme mourante, assistée d'une servante qui faisait des regrets, et d'une jeune fille toute fondante en larmes, la plus belle et la plus touchante qu'on puisse jamais voir.
SCAPIN. — Ah! ah!
OCTAVE. — Une autre aurait paru effroyable en l'état où elle était; car elle n'avait pour habillement qu'une méchante petite jupe, avec des brassières de nuit qui étaient de simple futaine; et sa coiffure était une cornette jaune, retroussée au haut de sa tête, qui laissait tomber en désordre ses cheveux sur ses épaules; et cependant, faite comme cela, elle brillait de mille attraits, et ce n'était qu'agréments et que charmes que toute sa personne.
SCAPIN. — Je sens venir les choses.
OCTAVE. — Si tu l'avais vue, Scapin, en l'état que je dis, tu l'aurais trouvée admirable.

SCAPIN. — Oh! je n'en doute point; et, sans l'avoir vue, je vois bien qu'elle était tout à fait charmante.
OCTAVE. — Ses larmes n'étaient point de ces larmes désagréables qui défigurent un visage; elle avait à pleurer une grâce touchante, et sa douleur était la plus belle du monde.
SCAPIN. — Je vois tout cela.
OCTAVE. — Elle faisait fondre chacun en larmes, en se jetant amoureusement sur le corps de cette mourante, qu'elle appelait sa chère mère; et il n'y avait personne qui n'eût l'âme percée de voir un si bon naturel.
SCAPIN. — En effet, cela est touchant; et je vois bien que ce bon naturel-là vous la fit aimer.
OCTAVE. — Ah! Scapin, un barbare l'aurait aimée!
SCAPIN. — Assurément. Le moyen de s'en empêcher!
OCTAVE. — Après quelques paroles dont je tâchai d'adoucir la douleur de cette charmante affligée, nous sortîmes de là; et demandant à Léandre ce qu'il lui semblait de cette personne, il me répondit froidement qu'il la trouvait assez jolie. Je fus piqué de la froideur avec laquelle il m'en parlait, et je ne voulus point lui découvrir l'effet que ses beautés avaient fait sur mon âme.
SILVESTRE à Octave. — Si vous n'abrégez ce récit, nous en voilà pour jusqu'à demain. Laissez-le-moi finir en deux mots. (A Scapin.) Son cœur prend feu dès ce moment; il ne saurait plus vivre qu'il n'aille consoler son aimable affligée. Ses fréquentes visites sont rejetées de la servante, devenue la gouvernante par le trépas de la mère. Voilà mon homme au désespoir. Il presse, supplie, conjure; point d'affaire. On lui dit que la fille, quoique sans bien et sans appui, est de famille honnête, et qu'à moins que de l'épouser on ne peut souffrir ses poursuites. Voilà son amour augmenté par les difficultés. Il consulte dans sa tête, agite, raisonne, balance, prend sa résolution; le voilà marié avec elle depuis trois jours.
SCAPIN. — J'entends.
SILVESTRE. — Maintenant, mets avec cela le retour imprévu du père, qu'on n'attendait que dans deux mois, la découverte que l'oncle a faite du secret de notre mariage, et l'autre mariage qu'on veut faire de lui avec la fille que le seigneur Géronte a eue d'une seconde femme qu'on dit qu'il a épousée à Tarente...
OCTAVE. — Et, par-dessus tout cela, mets encore l'indigence où se trouve cette aimable personne, et l'impuissance où je me vois d'avoir de quoi la secourir.
SCAPIN. — Est-ce là tout? Vous voilà bien embarrassés tous deux pour une bagatelle! C'est bien là de quoi se tant alarmer! N'as-tu point de honte, toi, de demeurer court à si peu de chose? Que diable! te voilà grand et gros comme père et mère, et tu ne saurais trouver dans ta tête, forger dans ton esprit quelque ruse galante, quelque honnête petit stratagème pour ajuster vos affaires? Fi! peste soit du butor! Je voudrais bien que l'on m'eût donné autrefois nos vieillards à duper, je les aurais joués tous deux par-dessous la jambe; et je n'étais pas plus grand que cela, que je me signalais déjà par cent tours d'adresse jolis.
SILVESTRE. — J'avoue que le ciel ne m'a pas donné tes talents, et que je n'ai pas l'esprit, comme toi, de me brouiller avec la justice.
OCTAVE. — Voici mon aimable Hyacinthe.

SCÈNE III.
HYACINTHE, OCTAVE, SCAPIN, SILVESTRE.

HYACINTHE. — Ah! Octave, est-il vrai ce que Silvestre vient de dire à Nérine, que votre père est de retour, et qu'il veut vous marier?
OCTAVE. — Oui, belle Hyacinthe, et ces nouvelles m'ont donné une atteinte cruelle. Mais que vois-je? vous pleurez! Pourquoi ces larmes? me soupçonnez-vous, dites-moi, de quelque infidélité? et n'êtes-vous pas assurée de l'amour que j'ai pour vous?
HYACINTHE. — Oui, Octave, je suis sûre que vous m'aimez, mais je ne le suis pas que vous m'aimiez toujours.
OCTAVE. — Hé! peut-on vous aimer qu'on ne vous aime toute sa vie?
HYACINTHE. — J'ai ouï dire, Octave, que votre sexe aime moins longtemps que le nôtre, et que les ardeurs que les hommes font voir sont des feux qui s'éteignent aussi facilement qu'ils naissent.
OCTAVE. — Ah! ma chère Hyacinthe, mon cœur n'est donc pas fait comme celui des autres hommes; et je sens bien, pour moi, que je vous aimerai jusqu'au tombeau.
HYACINTHE. — Je veux croire que vous sentez ce que vous dites, et je ne doute point que vos paroles ne soient sincères; mais je crains un pouvoir qui combattra dans votre cœur les tendres sentiments que vous pouvez avoir pour moi. Vous dépendez d'un père qui vous veut marier à une autre personne; et je suis sûre que je mourrai si ce malheur m'arrive.
OCTAVE. — Non, belle Hyacinthe, il n'y a point de père qui puisse me contraindre à vous manquer de foi; et je me résoudrai à quitter mon pays et le jour même, s'il est besoin, plutôt qu'à vous quitter. J'ai déjà pris, sans l'avoir vue, une aversion effroyable pour celle que l'on me destine; et, sans être cruel, je souhaiterais que la mer m'écartât d'ici pour jamais. Ne pleurez donc point, je vous prie, mon aimable Hyacinthe; car vos larmes me tuent, et je ne les puis voir sans me sentir percer le cœur.
HYACINTHE. — Puisque vous le voulez, je veux bien essuyer mes pleurs; et j'attendrai, d'un œil constant, ce qu'il plaira au ciel de résoudre de moi.
OCTAVE. — Le ciel nous sera favorable.
HYACINTHE. — Il ne saurait m'être contraire, si vous m'êtes fidèle.
OCTAVE. — Je le serai assurément.
HYACINTHE. — Je serai donc heureuse.
SCAPIN à part. — Elle n'est point tant sotte, ma foi; et je la trouve assez passable.
OCTAVE montrant Scapin. — Voici un homme qui pourrait bien, s'il le voulait, nous être, dans tous nos besoins, d'un secours merveilleux.
SCAPIN. — J'ai fait de grands serments de ne me mêler plus du monde; mais si vous m'en priez bien fort tous deux, peut-être...
OCTAVE. — Ah! s'il ne tient qu'à te prier bien fort pour obtenir ton aide, je te conjure de tout mon cœur de prendre la conduite de notre barque.
SCAPIN à Hyacinthe. — Et vous, ne dites-vous rien?
HYACINTHE. — Je vous conjure, à son exemple, par tout ce qui vous est le plus cher au monde, de vouloir servir notre amour.
SCAPIN. — Il faut se laisser vaincre, et avoir de l'humanité. Allez, je veux m'employer pour vous.
OCTAVE. — Crois que...
SCAPIN à Octave. — Chut. (A Hyacinthe.) Allez-vous-en, vous, et soyez en repos.

SCÈNE IV.
OCTAVE, SCAPIN, SILVESTRE.

SCAPIN à Octave. — Et vous, préparez-vous à soutenir avec fermeté l'abord de votre père.
OCTAVE. — Je t'avoue que cet abord me fait trembler par avance, et j'ai une timidité naturelle que je ne saurais vaincre.
SCAPIN. — Il faut pourtant paraître ferme au premier choc, de peur que, sur votre faiblesse, il ne prenne le pied de vous mener comme un enfant. La, tâchez de vous composer par étude. Un peu de hardiesse; et songez à répondre résolument sur tout ce qu'il pourra vous dire.
OCTAVE. — Je ferai du mieux que je pourrai.
SCAPIN. — Çà, essayons un peu, pour vous accoutumer. Répétons un peu votre rôle, et voyons si vous ferez bien. Allons, la mine résolue, la tête haute, les regards assurés.
OCTAVE. — Comme cela?
SCAPIN. — Encore un peu davantage.
OCTAVE. — Ainsi?
SCAPIN. — Bon. Imaginez-vous que je suis votre père qui arrive, et répondez-moi fermement, comme si c'était à lui-même... Comment, pendard, vaurien, infâme, fils indigne d'un père comme moi, oses-tu bien paraître devant mes yeux après tes bons déportements, après le lâche tour que tu m'as joué pendant mon absence? Est-ce là le fruit de mes soins, maraud, est-ce là le fruit de mes soins? le respect qui m'est dû, le respect que tu me conserves? (Allons donc.) Tu as l'insolence, fripon, de t'engager sans le consentement de ton père! de contracter un mariage clandestin! Réponds-moi, coquin, réponds-moi. Voyons un peu tes belles raisons... Oh! que diable! vous demeurez interdit.
OCTAVE. — C'est que je m'imagine que c'est mon père que j'entends.
SCAPIN. — Hé, oui. C'est par cette raison qu'il ne faut pas être comme un innocent.
OCTAVE. — Je m'en vais prendre plus de résolution, et je répondrai fermement.
SCAPIN. — Assurément?
OCTAVE. — Assurément.
SILVESTRE. — Voilà votre père qui vient.
OCTAVE. — O ciel! je suis perdu.

SCÈNE V.
SCAPIN, SILVESTRE.

SCAPIN. — Holà, Octave. Demeurez, Octave. Le voilà enfui! Quelle pauvre espèce d'homme! Ne laissons pas d'attendre le vieillard.
SILVESTRE. — Que lui dirai-je?
SCAPIN. — Laisse-moi dire, moi; et ne fais que me suivre.

SCÈNE VI.
ARGANTE, SCAPIN ET SILVESTRE dans le fond du théâtre.

ARGANTE se croyant seul. — A-t-on jamais ouï parler d'une action pareille à celle-là?
SCAPIN à Silvestre. — Il a déjà appris l'affaire; et elle lui tient si fort en tête, que, tout seul, il en parle haut.
ARGANTE se croyant seul. — Une témérité bien grande!
SCAPIN à Silvestre. — Ecoutons-le un peu.
ARGANTE se croyant seul. — Je voudrais bien savoir ce qu'ils me pourront dire sur ce beau mariage.

SCAPIN *à part.* — Nous y avons songé.
ARGANTE *se croyant seul.* — Tâcheront-ils de me nier la chose ?
SCAPIN *à part.* — Non, nous n'y pensons pas.
ARGANTE *se croyant seul.* — Ou s'ils entreprendront de l'excuser ?
SCAPIN *à part.* — Celui-là se pourra faire.
ARGANTE *se croyant seul.* — Prétendront-ils m'amuser par des contes en l'air ?
SCAPIN *à part.* — Peut-être.
ARGANTE *se croyant seul.* — Tous leurs discours seront inutiles.
SCAPIN *à part.* — Nous allons voir.
ARGANTE *se croyant seul.* — Ils ne m'en donneront point à garder.
SCAPIN *à part.* — Ne jurons de rien.
ARGANTE *se croyant seul.* — Je saurai mettre mon pendard de fils en lieu de sûreté.
SCAPIN *à part.* — Nous y pourvoirons.
ARGANTE *se croyant seul.* — Et pour le coquin de Silvestre, je le rouerai de coups.
SILVESTRE *à Scapin.* — J'étais bien étonné, s'il m'oubliait !
ARGANTE *apercevant Silvestre.* — Ah ! ah ! vous voilà donc, sage gouverneur de famille, beau directeur de jeunes gens !
SCAPIN. — Monsieur, je suis ravi de vous voir de retour.
ARGANTE. — Bonjour, Scapin. (*A Silvestre.*) Vous avez suivi mes ordres, vraiment, d'une belle manière ! et mon fils s'est comporté fort sagement pendant mon absence !
SCAPIN. — Vous vous portez bien, à ce que je vois.
ARGANTE. — Assez bien. (*A Silvestre.*) Tu ne dis mot, coquin, tu ne dis mot !
SCAPIN. — Votre voyage a-t-il été bon ?
ARGANTE. — Mon Dieu ! fort bon. Laissez-moi un peu quereller en repos.
SCAPIN. — Vous voulez quereller ?
ARGANTE. — Oui, je veux quereller.
SCAPIN. — Et qui, monsieur ?
ARGANTE *montrant Silvestre.* — Ce maraud-là !
SCAPIN. — Pourquoi ?
ARGANTE. — Tu n'as pas ouï parler de ce qui s'est passé dans mon absence ?
SCAPIN. — J'ai bien ouï parler de quelque petite chose.
ARGANTE. — Comment ! quelque petite chose ! une action de cette nature !
SCAPIN. — Vous avez quelque raison.
ARGANTE. — Une hardiesse pareille à celle-là !
SCAPIN. — Cela est vrai.
ARGANTE. — Un fils qui se marie sans le consentement de son père !
SCAPIN. — Oui, il y a quelque chose à dire à cela. Mais je serais d'avis que vous ne fissiez point de bruit.
ARGANTE. — Je ne suis pas de cet avis, moi, et je veux faire du bruit tout mon soûl. Quoi ! tu ne trouves pas que j'aie tous les sujets du monde d'être en colère ?
SCAPIN. — Si fait. J'y ai d'abord été, moi, lorsque j'ai su la chose ; et je me suis intéressé pour vous, jusqu'à quereller votre fils. Demandez-lui un peu quelles belles réprimandes je lui ai faites, et comme je l'ai chapitré sur le peu de respect qu'il gardait à un père dont il devait baiser les pas. On ne peut pas lui mieux parler, quand ce serait vous-même. Mais quoi ! je me suis rendu à la raison, et j'ai considéré que, dans le fond, il n'a pas tant de tort qu'on pourrait croire.
ARGANTE. — Que me viens-tu conter ? Il n'a pas tant de tort de s'aller marier de but en blanc avec une inconnue ?
SCAPIN. — Que voulez-vous ? il y a été poussé par sa destinée.
ARGANTE. — Ah ! ah ! voici une raison la plus belle du monde. On n'a plus qu'à commettre tous les crimes imaginables, tromper, voler, assassiner, et dire pour excuse qu'on y a été poussé par sa destinée.
SCAPIN. — Mon Dieu ! vous prenez mes paroles trop en philosophe. Je veux dire qu'il s'est trouvé fatalement engagé dans cette affaire.
ARGANTE. — Et pourquoi s'y engageait-il ?
SCAPIN. — Voulez-vous qu'il soit aussi sage que vous ? Les jeunes gens sont jeunes, et n'ont pas toute la prudence qu'il leur faudrait pour ne rien faire que de raisonnable : témoin notre Léandre, qui, malgré toutes mes leçons, malgré toutes mes remontrances, est allé faire de son côté pis encore que votre fils. Je voudrais bien savoir si vous-même n'avez pas été jeune, et n'avez pas dans votre temps fait des fredaines comme les autres ? J'ai ouï dire, moi, que vous avez été autrefois un bon compagnon parmi les femmes, que vous faisiez de votre drôle avec les plus galantes de ce temps-là, et que vous n'en approchiez point que vous ne poussassiez à bout.
ARGANTE. — Cela est vrai, j'en demeure d'accord ; mais je m'en suis toujours tenu à la galanterie, et je n'ai point été jusqu'à faire ce qu'il a fait.
SCAPIN. — Que vouliez-vous qu'il fît ? Il voit une jeune personne qui lui veut du bien (car il tient cela de vous d'être aimé de toutes les femmes), il la trouve charmante, il lui rend des visites, lui conte des douceurs, soupire galamment, fait le passionné. Elle se rend à sa poursuite. Il pousse sa fortune. Le voilà surpris avec elle par ses parents, qui, la force à la main, le contraignent de l'épouser.
SILVESTRE *à part.* — L'habile fourbe que voilà !

SCAPIN. — Eussiez-vous voulu qu'il se fût laissé tuer ? Il vaut mieux encore être marié qu'être mort.
ARGANTE. — On ne m'a pas dit que l'affaire se soit ainsi passée.
SCAPIN *montrant Silvestre.* — Demandez-lui plutôt ; il ne vous dira pas le contraire.
ARGANTE *à Silvestre.* — C'est par force qu'il a été marié ?
SILVESTRE. — Oui, monsieur.
SCAPIN. — Voudrais-je vous mentir ?
ARGANTE. — Il devait donc aller tout aussitôt protester de violence chez un notaire.
SCAPIN. — C'est ce qu'il n'a pas voulu faire.
ARGANTE. — Cela m'aurait donné plus de facilité à rompre ce mariage.
SCAPIN. — Rompre ce mariage ?
ARGANTE. — Oui.
SCAPIN. — Vous ne le romprez point.
ARGANTE. — Je ne le romprai point ?
SCAPIN. — Non.
ARGANTE. — Quoi ! je n'aurai pas pour moi les droits de père et la raison de la violence qu'on a faite à mon fils ?
SCAPIN. — C'est une chose dont il ne demeurera pas d'accord.
ARGANTE. — Il n'en demeurera pas d'accord ?
SCAPIN. — Non.
ARGANTE. — Mon fils ?
SCAPIN. — Votre fils. Voulez-vous qu'il confesse qu'il ait été capable de crainte, et que ce soit par force qu'on lui ait fait faire les choses ? Il n'a garde d'aller avouer cela : ce serait se faire tort et se montrer indigne d'un père comme vous.
ARGANTE. — Je me moque de cela.
SCAPIN. — Il faut, pour son honneur et pour le vôtre, qu'il dise dans le monde que c'est de bon gré qu'il l'a épousée.
ARGANTE. — Et je veux, moi, pour mon honneur et pour le sien, qu'il dise le contraire.
SCAPIN. — Non, je suis sûr qu'il ne le fera pas.
ARGANTE. — Je l'y forcerai bien.
SCAPIN. — Il ne le fera pas, vous dis-je.
ARGANTE. — Il le fera, ou je le déshériterai.
SCAPIN. — Vous ?
ARGANTE. — Moi.
SCAPIN. — Bon !
ARGANTE. — Comment, bon ?
SCAPIN. — Vous ne le déshériterez point.
ARGANTE. — Je ne le déshériterai point ?
SCAPIN. — Non.
ARGANTE. — Non ?
SCAPIN. — Non.
ARGANTE. — Ouais ! voici qui est plaisant. Je ne déshériterai point mon fils ?
SCAPIN. — Non, vous dis-je.
ARGANTE. — Qui m'en empêchera ?
SCAPIN. — Vous-même.
ARGANTE. — Moi ?
SCAPIN. — Oui ; vous n'aurez pas ce cœur-là.
ARGANTE. — Je l'aurai.
SCAPIN. — Vous vous moquez.
ARGANTE. — Je ne me moque point.
SCAPIN. — La tendresse paternelle fera son office.
ARGANTE. — Elle ne fera rien.
SCAPIN. — Oui, oui !
ARGANTE. — Je vous dis que cela sera.
SCAPIN. — Bagatelles.
ARGANTE. — Il ne faut point dire bagatelles.
SCAPIN. — Mon Dieu ! je vous connais : vous êtes bon naturellement.
ARGANTE. — Je ne suis point bon, et je suis méchant quand je veux. Finissons ce discours qui m'échauffe la bile. (*A Silvestre.*) Va-t'en, pendard, va-t'en me chercher mon fripon, tandis que j'irai rejoindre le seigneur Géronte pour lui conter ma disgrâce.
SCAPIN. — Monsieur, si je vous puis être utile en quelque chose, vous n'avez qu'à me commander.
ARGANTE. — Je vous remercie. (*A part.*) Ah ! pourquoi faut-il qu'il soit fils unique, et que n'ai-je à cette heure la fille que le ciel m'a ôtée pour la faire mon héritière !

SCÈNE VII.

SCAPIN, SILVESTRE.

SILVESTRE. — J'avoue que tu es un grand homme, et voilà l'affaire en bon train : mais l'argent d'autre part nous presse pour notre subsistance, et nous avons de tous côtés des gens qui aboient après nous.
SCAPIN. — Laisse-moi faire, la machine est trouvée. Je cherche seulement dans ma tête un homme qui nous soit affidé, pour jouer un personnage dont j'ai besoin... Attends. Tiens-toi un peu, enfonce ton bonnet en méchant garçon, campe-toi sur un pied, mets la main au côté, fais les yeux furibonds, marche un peu en roi de théâtre...

Voilà qui est bien. Suis-moi. J'ai des secrets pour déguiser ton visage et ta voix.

SILVESTRE. — Je te conjure au moins de ne m'aller point brouiller avec la justice.

SCAPIN. — Va, va, nous partagerons les périls en frères, et trois ans de galères de plus ou de moins ne sont pas pour arrêter un noble cœur.

ACTE DEUXIÈME.

SCÈNE I.

GÉRONTE, ARGANTE.

GÉRONTE. — Oui, sans doute, par le temps qu'il fait, nous aurons ici nos gens aujourd'hui; et un matelot qui vient de Tarente m'a assuré qu'il avait vu mon homme qui était près de s'embarquer. Mais l'arrivée de ma fille trouvera les choses mal disposées à ce que nous nous proposions; et ce que vous venez de m'apprendre de votre fils rompt étrangement les mesures que nous avions prises ensemble.

ARGANTE. — Ne vous mettez pas en peine; je vous réponds de renverser tout cet obstacle, et j'y vais travailler de ce pas.

GÉRONTE. — Ma foi, seigneur Argante, voulez-vous que je vous dise? l'éducation des enfants est une chose à quoi il faut s'attacher fortement.

ARGANTE. — Sans doute. A quel propos cela?

GÉRONTE. — A propos de ce que les mauvais déportements des jeunes gens viennent le plus souvent de la mauvaise éducation que leurs pères leur donnent.

ARGANTE. — Cela arrive parfois. Mais que voulez-vous dire par là?

GÉRONTE. — Ce que je veux dire par là?

ARGANTE. — Oui.

GÉRONTE. — Que si vous aviez, en brave père, bien morigéné votre fils, il ne vous aurait pas joué le tour qu'il vous a fait.

ARGANTE. — Fort bien. De sorte donc que vous avez bien mieux morigéné le vôtre?

GÉRONTE. — Sans doute; et je serais bien fâché qu'il m'eût rien fait approchant de cela.

ARGANTE. — Et si ce fils, que vous avez en brave père si bien morigéné, avait fait pis encore que le mien, hé?

GÉRONTE. — Comment?

ARGANTE. — Comment?

GÉRONTE. — Qu'est-ce que cela veut dire?

ARGANTE. — Cela veut dire, seigneur Géronte, qu'il ne faut pas être si prompt à condamner la conduite des autres, et que ceux qui veulent gloser doivent bien regarder chez eux s'il n'y a rien qui cloche.

GÉRONTE. — Je n'entends point cette énigme.

ARGANTE. — On vous l'expliquera.

GÉRONTE. — Est-ce que vous auriez ouï dire quelque chose de mon fils?

ARGANTE. — Cela se peut faire.

GÉRONTE. — Et quoi encore?

ARGANTE. — Votre Scapin, dans mon dépit, ne m'a dit la chose qu'en gros, et vous pourrez de lui ou de quelque autre être instruit du détail. Pour moi, je vais vite consulter un avocat et aviser des biais que j'ai à prendre. Jusqu'au revoir.

SCÈNE II.

GÉRONTE seul.

Que pourrait-ce être que cette affaire-ci? Pis encore que le sien! Pour moi, je ne vois pas ce que l'on peut faire de pis; et je trouve que se marier sans le consentement de son père est une action qui passe tout ce qu'on peut s'imaginer.

SCÈNE III.

GÉRONTE, LÉANDRE.

GÉRONTE. — Ah! vous voilà!

LÉANDRE *courant à Géronte pour l'embrasser.* — Ah! mon père, que j'ai de joie de vous voir de retour!

GÉRONTE *refusant d'embrasser Léandre.* — Doucement, parlons un peu d'affaires.

LÉANDRE. — Souffrez que je vous embrasse et que...

GÉRONTE *le repoussant encore.* — Doucement, vous dis-je.

LÉANDRE. — Quoi! vous me refusez, mon père, de vous exprimer mon transport par mes embrassements?

GÉRONTE. — Oui. Nous avons quelque chose à démêler ensemble.

LÉANDRE. — Et quoi?

GÉRONTE. — Tenez-vous, que je vous voie en face.

LÉANDRE. — Comment?

GÉRONTE. — Regardez-moi entre deux yeux.

LÉANDRE. — Hé bien?

GÉRONTE. — Qu'est-ce donc qui s'est passé ici?

LÉANDRE. — Ce qui s'est passé?

GÉRONTE. — Oui. Qu'avez-vous fait pendant mon absence?

LÉANDRE. — Que voulez-vous, mon père, que j'aie fait?

GÉRONTE. — Ce n'est pas moi qui veux que vous ayez fait, mais qui demande ce que c'est que vous avez fait.

LÉANDRE. — Moi! je n'ai fait aucune chose dont vous ayez lieu de vous plaindre.

GÉRONTE. — Aucune chose?

LÉANDRE. — Non.

GÉRONTE. — Vous êtes bien résolu!

LÉANDRE. — C'est que je suis sûr de mon innocence.

GÉRONTE. — Scapin pourtant a dit de vos nouvelles.

LÉANDRE. — Scapin?

GÉRONTE. — Ah! ah! ce mot vous fait rougir.

LÉANDRE. — Il vous a dit quelque chose de moi?

GÉRONTE. — Ce lieu n'est pas tout à fait propre à vider cette affaire, et nous allons l'examiner ailleurs. Qu'on se rende au logis; j'y vais revenir tout à l'heure. Ah! traître, s'il faut que tu me déshonores, je te renonce pour mon fils, et tu peux bien pour jamais te résoudre à fuir de ma présence.

SCÈNE IV.

LÉANDRE *seul.*

Me trahir de cette manière! Un coquin qui doit, par cent raisons, être le premier à cacher les choses que je lui confie, est le premier à les aller découvrir à mon père! Ah! je jure le ciel que cette trahison ne demeurera pas impunie.

SCÈNE V.

OCTAVE, LÉANDRE, SCAPIN.

OCTAVE. — Mon cher Scapin, que ne dois-je point à tes soins! Que tu es un homme admirable! et que le ciel m'est favorable de t'envoyer à mon secours!

LÉANDRE. — Ah! ah! vous voilà! je suis ravi de vous trouver, monsieur le coquin.

SCAPIN. — Monsieur, votre serviteur. C'est trop d'honneur que vous me faites.

LÉANDRE *mettant l'épée à la main.* — Vous faites le méchant plaisant, ah! je vous apprendrai...

SCAPIN *se mettant à genoux.* — Monsieur!

OCTAVE *se mettant entre eux deux pour empêcher Léandre de frapper Scapin.* — Ah, Léandre!

LÉANDRE. — Non, Octave, ne me retenez point, je vous prie.

SCAPIN *à Léandre.* — Hé, monsieur!

OCTAVE *retenant Léandre.* — De grâce!

LÉANDRE *voulant frapper Scapin.* — Laissez-moi contenter mon ressentiment.

OCTAVE. — Au nom de l'amitié, Léandre, ne le maltraitez point.

SCAPIN. — Monsieur, que vous ai-je fait?

LÉANDRE *voulant frapper Scapin.* — Ce que tu m'as fait, traître!

OCTAVE *retenant encore Léandre.* — Hé, doucement!

LÉANDRE. — Non, Octave, je veux qu'il me confesse lui-même tout à l'heure la perfidie qu'il m'a faite. Oui, coquin, je sais le trait que tu m'as joué, on vient de me l'apprendre; et tu ne croyais pas peut-être que l'on me dût révéler ce secret : mais je veux en avoir la confession de ta propre bouche, ou je vais te passer cette épée au travers du corps.

SCAPIN. — Ah! monsieur, auriez-vous bien le cœur-là?

LÉANDRE. — Parle donc!

SCAPIN. — Je vous ai fait quelque chose, monsieur?

LÉANDRE. — Oui, coquin; et ta conscience ne te dit que trop ce que c'est.

SCAPIN. — Je vous assure que je l'ignore.

LÉANDRE *s'avançant pour frapper Scapin.* — Tu l'ignores!

OCTAVE *retenant Léandre.* — Léandre!

SCAPIN. — Hé bien, monsieur, puisque vous le voulez, je vous confesse que j'ai bu avec mes amis ce petit quartaut de vin d'Espagne dont on vous fit présent il y a quelques jours, et que c'est moi qui fis une fente au tonneau, et répandis de l'eau autour, pour faire croire que le vin s'était échappé.

LÉANDRE. — C'est toi, pendard, qui m'as bu mon vin d'Espagne, et qui as été cause que j'ai tant querellé la servante, croyant que c'était elle qui m'avait fait le tour?

SCAPIN. — Oui, monsieur. Je vous en demande pardon.

LÉANDRE. — Je suis bien aise d'apprendre cela : mais ce n'est pas l'affaire dont il est question maintenant.

SCAPIN. — Ce n'est pas cela, monsieur?

LÉANDRE. — Non; c'est une autre affaire qui me touche bien plus, et je veux que tu me la dises.

SCAPIN. — Monsieur, je ne me souviens pas d'avoir fait autre chose.

LÉANDRE *voulant frapper Scapin.* — Tu ne veux pas parler?

SCAPIN. — Hé!
OCTAVE *retenant Léandre.* — Tout doux.
SCAPIN. — Oui, monsieur, il est vrai qu'il y a trois semaines que vous m'envoyâtes porter le soir une petite montre à la jeune Egyptienne que vous aimez; je revins au logis, mes habits tout couverts de boue, et le visage plein de sang, et vous dis que j'avais trouvé des voleurs qui m'avaient bien battu et m'avaient dérobé la montre. C'était moi, monsieur, qui l'avais retenue.
LÉANDRE. — C'est toi qui as retenu ma montre?
SCAPIN. — Oui, monsieur, afin de voir quelle heure il est.
LÉANDRE. — Ah! ah! j'apprends ici de jolies choses, et j'ai un serviteur fort fidèle vraiment! Mais ce n'est pas encore cela que je demande.
SCAPIN. — Ce n'est pas cela?
LÉANDRE. — Non, infâme; c'est autre chose encore que je veux que tu me confesses.
SCAPIN *à part.* — Peste!
LÉANDRE. — Parle vite, j'ai hâte.
SCAPIN. — Monsieur, voilà tout ce que j'ai fait.
LÉANDRE *voulant frapper Scapin.* — Voilà tout?
OCTAVE *se mettant au-devant de Léandre.* — Hé!
SCAPIN. — Hé bien, oui, monsieur, vous vous souvenez de ce loup-garou, il y a six mois, qui vous donna tant de coups de bâton la nuit, et vous pensa faire rompre le cou dans une cave où vous tombâtes en fuyant...
LÉANDRE. — Hé bien?
SCAPIN. — C'était moi, monsieur, qui faisais le loup-garou.
LÉANDRE. — C'était toi, traître, qui faisais le loup-garou?
SCAPIN. — Oui, monsieur, seulement pour vous faire peur, et vous ôter l'envie de nous faire courir toutes les nuits comme vous aviez de coutume.
LÉANDRE. — Je saurai me souvenir en temps et lieu de tout ce que je viens d'apprendre. Mais je veux venir au fait, et que tu me confesses ce que tu as dit à mon père.
SCAPIN. — A votre père?
LÉANDRE. — Oui, fripon, à mon père.
SCAPIN. — Je ne l'ai pas seulement vu depuis son retour.
LÉANDRE. — Tu ne l'as pas vu?
SCAPIN. — Non, monsieur.
LÉANDRE. — Assurément?
SCAPIN. — Assurément. C'est une chose que je vais vous faire dire par lui-même.
LÉANDRE. — C'est de sa bouche que je le tiens pourtant.
SCAPIN. — Avec votre permission, il n'a pas dit la vérité.

SCÈNE VI.
LÉANDRE, OCTAVE, CARLE, SCAPIN.

CARLE. — Monsieur, je vous apporte une nouvelle qui est fâcheuse pour votre amour.
LÉANDRE. — Comment?
CARLE. — Vos Egyptiens sont sur le point de vous enlever Zerbinette; et elle-même, les larmes aux yeux, m'a chargé de venir promptement vous dire que, si dans deux heures vous ne songez à leur porter l'argent qu'ils vous ont demandé pour elle, vous l'allez perdre pour jamais.
LÉANDRE. — Dans deux heures?
CARLE. — Dans deux heures.

SCÈNE VII.
LÉANDRE, OCTAVE, SCAPIN.

LÉANDRE. — Ah! mon pauvre Scapin, j'implore ton secours.
SCAPIN *se levant et passant fièrement devant Léandre.* — Ah! mon pauvre Scapin! Je suis mon pauvre Scapin à cette heure qu'on a besoin de moi.
LÉANDRE. — Va, je te pardonne tout ce que tu viens de me dire, et pis encore, si tu me l'as fait.
SCAPIN. — Non, non, ne me pardonnez rien; passez-moi votre épée au travers du corps. Je serai ravi que vous me tuiez.
LÉANDRE. — Non, je te conjure plutôt de me donner la vie en servant mon amour.
SCAPIN. — Point, point; vous ferez mieux de me tuer.
LÉANDRE. — Tu m'es trop précieux; et je te prie de vouloir employer pour moi ce génie admirable qui vient à bout de toutes choses.
SCAPIN. — Non; tuez-moi, vous dis-je.
LÉANDRE. — Ah! de grâce, ne songe plus à tout cela, et pense à me donner le secours que je te demande.
OCTAVE. — Scapin, il faut faire quelque chose pour lui.
SCAPIN. — Le moyen, après une avanie de la sorte?
LÉANDRE. — Je te conjure d'oublier mon emportement, et de me prêter ton adresse.
OCTAVE. — Je joins mes prières aux siennes.
SCAPIN. — J'ai cette insulte-là sur le cœur.

OCTAVE. — Il faut quitter ton ressentiment.
LÉANDRE. — Voudrais-tu m'abandonner, Scapin, dans la cruelle extrémité où se voit mon amour?
SCAPIN. — Me venir faire, à l'improviste, un affront comme celui-là!
LÉANDRE. — J'ai tort, je le confesse.
SCAPIN. — Me traiter de coquin! de fripon! de pendard! d'infâme!
LÉANDRE. — J'en ai tous les regrets du monde.
SCAPIN. — Me vouloir passer son épée au travers du corps!
LÉANDRE. — Je t'en demande pardon de tout mon cœur; et s'il ne tient qu'à me jeter à tes genoux, tu m'y vois, Scapin, pour te conjurer encore une fois de ne me point abandonner.
OCTAVE. — Ah! ma foi, Scapin, il faut se rendre à cela.
SCAPIN. — Levez-vous. Une autre fois ne soyez point si prompt.
LÉANDRE. — Me promets-tu de travailler pour moi?
SCAPIN. — On y songera.
LÉANDRE. — Mais tu sais que le temps presse.
SCAPIN. — Ne vous mettez pas en peine. Combien est-ce qu'il vous faut?
LÉANDRE. — Cinq cents écus.
SCAPIN. — Et à vous?
OCTAVE. — Deux cents pistoles.
SCAPIN. — Je veux tirer cet argent de vos pères. (*A Octave.*) Pour ce qui est du vôtre, la machine est déjà toute trouvée. (*A Léandre.*) Et quant au vôtre, bien qu'avare au dernier degré, il y faudra moins de façon encore : car vous savez que pour l'esprit il n'en a pas, grâce à Dieu, grande provision; et je le livre pour une espèce d'homme à qui l'on fera toujours croire tout ce que l'on voudra. Cela ne vous offense point, il ne tombe entre lui et vous aucun soupçon de ressemblance; et vous savez assez l'opinion de tout le monde, qui veut qu'il ne soit votre père que pour la forme.
LÉANDRE. — Tout beau, Scapin.
SCAPIN. — Bon, bon, on fait bien scrupule de cela! Vous moquez-vous? Mais j'aperçois venir le père d'Octave. Commençons par lui, puisqu'il se présente. Allez-vous-en tous deux. (*A Octave.*) Et vous, avertissez votre Silvestre de venir vite jouer son rôle.

SCÈNE VIII.
ARGANTE, SCAPIN.

SCAPIN *à part.* — Le voilà qui rumine.
ARGANTE *se croyant seul.* — Avoir si peu de conduite et de considération! S'aller jeter dans un engagement comme celui-là! Ah! ah! jeunesse impertinente!
SCAPIN. — Monsieur, votre serviteur.
ARGANTE. — Bonjour, Scapin.
SCAPIN. — Vous rêvez à l'affaire de votre fils?
ARGANTE. — Je t'avoue que cela me donne un furieux chagrin.
SCAPIN. — Monsieur, la vie est mêlée de traverses; il est bon de s'y tenir sans cesse préparé; et j'ai ouï dire, il y a longtemps, une parole d'un ancien que j'ai toujours retenue...
ARGANTE. — Quoi?
SCAPIN. — Que, pour peu qu'un père de famille ait été absent de chez lui, il doit promener son esprit sur tous les fâcheux accidents que son retour peut rencontrer; se figurer sa maison brûlée, son argent dérobé, sa femme morte, son fils estropié, sa fille subornée; et ce qu'il trouve qui ne lui est point arrivé, l'imputer à bonne fortune. Pour moi, j'ai pratiqué toujours cette leçon dans ma petite philosophie; et je ne suis jamais revenu au logis que je ne me sois tenu prêt à la colère de mes maîtres, aux réprimandes, aux injures, aux coups de pied au cul, aux bastonnades, aux étrivières; et ce qui a manqué à m'arriver j'en ai rendu grâces à mon bon destin.
ARGANTE. — Voilà qui est bien : mais ce mariage impertinent qui trouble celui que nous voulons faire est une chose que je ne puis souffrir, et je viens de consulter des avocats pour le faire casser.
SCAPIN. — Ma foi, monsieur, si vous m'en croyez, vous tâcherez, par quelque autre voie, d'accommoder l'affaire. Vous savez ce que c'est que les procès en ce pays-ci, et vous allez vous enfoncer dans d'étranges épines.
ARGANTE. — Tu as raison, je le vois bien. Mais quelle autre voie?
SCAPIN. — Je pense que j'en ai trouvé une. La compassion que je viens d'avoir tantôt de votre chagrin m'a obligé à chercher dans ma tête quelque moyen pour vous tirer d'inquiétude; car je ne saurais voir d'honnêtes pères chagrinés par leurs enfants que cela m'émeuve; et, de tout temps, je me suis senti pour votre personne une inclination particulière.
ARGANTE. — Je te suis obligé.
SCAPIN. — J'ai donc été trouver le frère de cette fille qui a été épousée. C'est un de ces braves de profession, de ces gens qui sont tout coups d'épée, qui ne parlent que d'échiner, et ne font non plus de conscience de tuer un homme que d'avaler un verre de vin. Je l'ai mis sur ce mariage, lui ai fait voir quelle facilité offrait la raison de la violence pour le faire casser, vos prérogatives du nom de père, et l'appui que vous donneraient auprès de la justice, votre droit, et votre argent, et vos amis; enfin, je l'ai tant tourné de tous les côtés, qu'il a prêté l'oreille aux propositions que je lui ai faites d'ajuster

l'affaire pour quelque somme; et il donnera son consentement à rompre le mariage pourvu que vous lui donniez de l'argent.

ARGANTE. — Et qu'a-t-il demandé?

SCAPIN. — Oh! d'abord des choses par-dessus les maisons.

ARGANTE. — Hé! quoi?

SCAPIN. — Des choses extravagantes.

ARGANTE. — Mais encore?

SCAPIN. — Il ne parlait pas moins que de cinq ou six cents pistoles.

ARGANTE. — Cinq ou six cents fièvres quartaines qui le puissent serrer! Se moque-t-il des gens?

SCAPIN. — C'est ce que je lui ai dit. J'ai rejeté bien loin de pareilles propositions, et je lui ai bien fait entendre que vous n'étiez point une dupe pour vous demander des cinq ou six cents pistoles. Enfin, après plusieurs discours, voici où s'est réduit le résultat de notre conférence. Nous voilà au temps, m'a-t-il dit, que je dois partir pour l'armée; je suis après à m'équiper, et le besoin que j'ai de quelque argent me fait consentir malgré moi à ce qu'on me propose. Il me faut un cheval de service, et je n'en saurais avoir un qui soit tant soit peu raisonnable à moins de soixante pistoles.

ARGANTE. — Hé bien, pour soixante pistoles, je les donne.

SCAPIN. — Il faudra le harnais et les pistolets; et cela ira bien à vingt pistoles encore.

ARGANTE. — Vingt pistoles, et soixante, ce serait quatre-vingts!

SCAPIN. — Justement.

ARGANTE. — C'est beaucoup; mais soit, je consens à cela.

SCAPIN. — Il me faut aussi un cheval pour monter mon valet, qui coûtera bien trente pistoles.

ARGANTE. — Comment diantre! Qu'il se promène; il n'aura rien du tout.

SCAPIN. — Monsieur...

ARGANTE. — Non, c'est un impertinent.

SCAPIN. — Voulez-vous que son valet aille à pied?

ARGANTE. — Qu'il aille comme il lui plaira, et le maître aussi.

SCAPIN. — Mon Dieu! monsieur, ne vous arrêtez point à peu de chose : n'allez point plaider, je vous prie; et donnez tout pour vous sauver des mains de la justice.

ARGANTE. — Hé bien ! soit. Je me résous à donner encore ces trente pistoles.

SCAPIN. — Il me faut encore, a-t-il dit, un mulet pour porter...

ARGANTE. — Oh! qu'il aille au diable avec son mulet! C'en est trop, et nous irons devant les juges.

SCAPIN. — De grâce, monsieur...

ARGANTE. — Non, je n'en ferai rien.

SCAPIN. — Monsieur, un petit mulet.

ARGANTE. — Je ne lui donnerais pas seulement un âne.

SCAPIN. — Considérez...

ARGANTE. — Non, j'aime mieux plaider.

SCAPIN. — Hé! monsieur, de quoi parlez-vous là, et à quoi vous résolvez-vous! Jetez les yeux sur les détours de la justice; voyez combien d'appels et de degrés de juridiction, combien de procédures embarrassantes, combien d'animaux ravissants par les griffes desquels il vous faudra passer: sergents, procureurs, avocats, greffiers, substituts, rapporteurs, juges et leurs clercs. Il n'y a pas un de tous ces gens-là qui, pour la moindre chose, ne soit capable de donner un soufflet au meilleur droit du monde. Un sergent baillera de faux exploits, sur quoi vous serez condamné sans que vous le sachiez. Votre procureur s'entendra avec votre partie, et vous vendra à beaux deniers comptants. Votre avocat, gagné de même, ne se trouvera point lorsqu'on plaidera votre cause, ou dira des raisons qui ne feront que battre la campagne, et n'iront point au fait. Le greffier délivrera par contumace des sentences et arrêts contre vous. Le clerc du rapporteur soustraira des pièces, ou le rapporteur même ne dira pas ce qu'il a vu. Et quand, par les plus grandes précautions du monde, vous aurez paré tout cela, vous serez ébahi que vos juges auront été sollicités contre vous, ou par des gens dévots, ou par des femmes qu'ils aimeront. Hé! monsieur, si vous le pouvez, sauvez-vous de cet enfer-là. C'est être damné dès ce monde que d'avoir à plaider; et la seule pensée d'un procès serait capable de me faire fuir jusqu'aux Indes.

ARGANTE. — A combien est-ce qu'il fait monter le mulet?

SCAPIN. — Monsieur, pour le mulet, pour son cheval et celui de son homme, pour le harnais et les pistolets, et pour payer quelque petite chose qu'il doit à son hôtesse, il demande en tout deux cents pistoles.

ARGANTE. — Deux cents pistoles?

SCAPIN. — Oui.

ARGANTE se promenant en colère. — Allons, allons, nous plaiderons.

SCAPIN. — Faites réflexion...

ARGANTE. — Je plaiderai.

SCAPIN. — Ne vous allez point jeter...

ARGANTE. — Je veux plaider.

SCAPIN. — Mais, pour plaider, il vous faudra de l'argent; il vous faudra pour l'exploit; il vous faudra pour le contrôle; il vous faudra pour la procuration, pour la présentation, conseils, productions, et journées de procureur; il vous faudra pour les consultations et plaidoiries des avocats, pour le droit de retirer le sac, et pour les grosses d'écritures; il vous en faudra pour le rapport des substituts, pour les épices de conclusion, pour l'enregistrement du greffier, façon d'appointement, sentences et arrêts, contrôles, signatures et expéditions de leurs clercs, sans parler de tous les présents qu'il vous faudra faire. Donnez cet argent-là à cet homme-ci, vous voilà hors d'affaire.

ARGANTE. — Comment! deux cents pistoles!

SCAPIN. — Vous y gagnerez. J'ai fait un petit calcul, en moi-même, de tous les frais de la justice; et j'ai trouvé qu'en donnant deux cents pistoles à votre homme, vous en aurez de reste, pour le moins, cent cinquante, sans compter les soins, les pas et les chagrins que vous épargnerez. Quand il n'y aurait à essuyer que les sottises que disent devant tout le monde de méchants plaisants d'avocats, j'aimerais mieux donner trois cents pistoles que de plaider.

ARGANTE. — Je me moque de cela, et je défie les avocats de rien dire de moi.

SCAPIN. — Vous ferez ce qu'il vous plaira; mais si j'étais que de vous, je fuirais les procès.

ARGANTE. — Je ne donnerai point deux cents pistoles.

SCAPIN. — Voici l'homme dont il s'agit.

SCÈNE IX.

ARGANTE, SCAPIN, SILVESTRE *déguisé en spadassin*.

SILVESTRE. — Scapin, fais-moi connaître un peu cet Argante qui est père d'Octave.

SCAPIN. — Pourquoi, monsieur?

SILVESTRE. — Je viens d'apprendre qu'il veut me mettre en procès et faire rompre par justice le mariage de ma sœur.

SCAPIN. — Je ne sais pas s'il a cette pensée; mais il ne veut point consentir aux deux cents pistoles que vous voulez, et il dit que c'est trop.

SILVESTRE. — Par la mort! par la tête! par le ventre! si je le trouve, je le veux échiner, dussé-je être roué tout vif. (*Argante, pour n'être point vu, se tient en tremblant derrière Scapin.*)

SCAPIN. — Monsieur, ce père d'Octave a du cœur; et peut-être ne vous craindra-t-il point.

SILVESTRE. — Lui! lui! Par le sang! par la tête! s'il était là, je lui donnerais tout à l'heure de l'épée dans le ventre. (*Apercevant Argante.*) Qui est cet homme-là?

SCAPIN. — Ce n'est pas lui, monsieur; ce n'est pas lui.

SILVESTRE. — N'est-ce point quelqu'un de ses amis?

SCAPIN. — Non, monsieur; au contraire, c'est son ennemi capital.

SILVESTRE. — Son ennemi capital!

SCAPIN. — Oui.

SILVESTRE. — Ah! parbleu, j'en suis ravi. (*A Argante.*) Vous êtes ennemi, monsieur, de ce faquin d'Argante, hé?

SCAPIN. — Oui, oui, je vous en réponds.

SILVESTRE *secouant rudement la main d'Argante.* — Touchez là, touchez. Je vous donne ma parole, et vous jure, sur mon honneur, par l'épée que je porte, par tous les serments que je saurais faire, qu'avant la fin du jour je vous déferai de ce maraud fieffé, de ce faquin d'Argante. Reposez-vous sur moi.

SCAPIN. — Monsieur, les violences en ce pays-ci ne sont guère souffertes.

SILVESTRE. — Je me moque de tout, et je n'ai rien à perdre.

SCAPIN. — Il se tiendra sur ses gardes assurément; et il a des parents, des amis et des domestiques dont il se fera un secours contre votre ressentiment.

SILVESTRE. — C'est ce que je demande, morbleu; c'est ce que je demande. (*Mettant l'épée à la main.*) Ah, tête! ah, ventre! Que ne le trouvé-je à cette heure avec tout son secours! Que ne paraît-il à mes yeux au milieu de trente personnes! Que ne les vois-je venir sur moi les armes à la main! (*Se mettant en garde.*) Comment! marauds, vous avez la hardiesse de vous attaquer à moi! Allons, morbleu, tue! (*Poussant de tous les côtés comme s'il avait plusieurs personnes à combattre.*) Point de quartier. Donnons. Ferme. Poussons. Bon pied, bon œil. Ah, coquins! Ah, canaille! vous en voulez par-là; je vous en ferai tâter votre soûl. Soutenez, marauds, soutenez. Allons. A cette botte. A cette autre. (*Se tournant du côté d'Argante et de Scapin.*) A celle-ci. A celle-là. Comment, vous reculez! Pied ferme, morbleu, pied ferme!

SCAPIN. — Hé! hé! hé! monsieur, nous n'en sommes pas.

SILVESTRE. — Voilà qui vous apprendra à vous oser jouer à moi.

SCÈNE X.

ARGANTE, SCAPIN.

SCAPIN. — Hé bien! vous voyez combien de personnes tuées pour deux cents pistoles. Or sus, je vous souhaite une bonne fortune.

ARGANTE *tout tremblant.* — Scapin!

SCAPIN. — Plaît-il?

ARGANTE. — Je me résous à donner les deux cents pistoles.

SCAPIN. — J'en suis ravi pour l'amour de vous.

ARGANTE. — Allons le trouver, je les ai sur moi.

SCAPIN. — Vous n'avez qu'à me les donner. Il ne faut pas, pour votre honneur, que vous paraissiez là, après avoir passé ici pour autre que ce que vous êtes ; et de plus je craindrais qu'en vous faisant connaître il n'allât s'aviser de vous demander davantage.

ARGANTE. — Oui ; mais j'aurais été bien aise de voir comme je donne mon argent.

SCAPIN. — Est-ce que vous vous défiez de moi ?

ARGANTE. — Non pas ; mais...

SCAPIN. — Parbleu, monsieur, je suis un fourbe, ou je suis honnête homme ; c'est l'un des deux. Est-ce que je voudrais vous tromper, et que, dans tout ceci, j'ai d'autre intérêt que le vôtre, et celui de mon maître, à qui vous voulez vous allier ? Si je vous suis suspect, je ne me mêle plus de rien, et vous n'avez qu'à chercher, dès cette heure, qui accommodera vos affaires.

ARGANTE. — Tiens donc.

SCAPIN. — Non, monsieur, ne me confiez point votre argent. Je serai bien aise que vous vous serviez de quelque autre.

ARGANTE. — Mon Dieu ! tiens.

SCAPIN. — Non, vous dis-je ; ne vous fiez point à moi. Que sait-on si je ne veux point vous attraper votre argent ?

ARGANTE. — Tiens, te dis-je ; ne me fais point contester davantage. Mais songe à bien prendre tes sûretés avec lui.

SCAPIN. — Laissez-moi faire ; il n'a pas affaire à un sot.

ARGANTE. — Je vais t'attendre chez moi.

SCAPIN. — Je ne manquerai pas d'y aller (*Seul.*) Et un. Je n'ai qu'à chercher l'autre. Ah ! ma foi ! le voici. Il semble que le ciel, l'un après l'autre, les amène dans mes filets.

SCÈNE XI.
SCAPIN, GÉRONTE.

SCAPIN *faisant semblant de ne pas voir Géronte.* — O ciel ! ô disgrâce imprévue ! O misérable père ! Pauvre Géronte, que feras-tu ?

GÉRONTE *à part.* — Que dit-il là de moi, avec ce visage affligé ?

SCAPIN. — N'y a-t-il personne qui puisse me dire où est le seigneur Géronte ?

GÉRONTE. — Qu'y a-t-il, Scapin ?

SCAPIN *courant sur le théâtre sans vouloir entendre ni voir Géronte.* — Où pourrai-je le rencontrer pour lui dire cette infortune ?

GÉRONTE *courant après Scapin.* — Qu'est-ce que c'est donc ?

SCAPIN. — En vain je cours de tous côtés pour le pouvoir trouver.

GÉRONTE. — Me voici.

SCAPIN. — Il faut qu'il soit caché dans quelque endroit qu'on ne puisse point deviner.

GÉRONTE *arrêtant Scapin.* — Holà ! es-tu aveugle, que tu ne me vois pas ?

SCAPIN. — Ah ! monsieur, il n'y a pas moyen de vous rencontrer.

GÉRONTE. — Il y a une heure que je suis devant toi. Qu'est-ce que c'est donc qu'il y a ?

SCAPIN. — Monsieur...

GÉRONTE. — Quoi ?

SCAPIN. — Monsieur votre fils...

GÉRONTE. — Hé bien, mon fils...

SCAPIN. — Est tombé dans une disgrâce la plus étrange du monde.

GÉRONTE. — Et quelle ?

SCAPIN. — Je l'ai trouvé tantôt tout triste de je ne sais quoi que vous lui avez dit, où vous m'avez mêlé assez mal à propos ; et, cherchant à divertir cette tristesse, nous nous sommes allés promener sur le port. Là, entre plusieurs autres choses, nous avons arrêté nos yeux sur une galère turque assez bien équipée. Un jeune Turc de bonne mine nous a invités d'y entrer, et nous a présenté la main. Nous y avons passé. Il nous a fait mille civilités, nous a donné la collation, où nous avons mangé des fruits les plus excellents qui se puissent voir, et bu du vin que nous avons trouvé le meilleur du monde.

GÉRONTE. — Qu'y a-t-il de si affligeant à tout cela ?

SCAPIN. — Attendez, monsieur, nous y voici. Pendant que nous mangions, il a fait mettre la galère en mer ; et se voyant éloigné du port, il m'a fait mettre dans un esquif, et m'envoie vous dire que, si vous ne lui envoyez par moi tout à l'heure cinq cents écus, il va vous emmener votre fils en Alger.

GÉRONTE. — Comment diantre ! cinq cents écus !

SCAPIN. — Oui, monsieur ; et de plus il ne m'a donné pour cela que deux heures.

GÉRONTE. — Ah ! le pendard de Turc ! m'assassiner de la façon !

SCAPIN. — C'est à vous, monsieur, d'aviser promptement aux moyens de sauver des fers un fils que vous aimez avec tant de tendresse.

GÉRONTE. — Que diable allait-il faire dans cette galère ?

SCAPIN. — Il ne songeait pas à ce qui est arrivé.

GÉRONTE. — Va-t'en, Scapin, va-t'en vite dire à ce Turc que je vais envoyer la justice après lui.

SCAPIN. — La justice en pleine mer ! vous moquez-vous des gens ?

GÉRONTE. — Que diable allait-il faire dans cette galère ?

SCAPIN. — Une méchante destinée conduit quelquefois les personnes.

GÉRONTE. — Il faut, Scapin, il faut que tu fasses ici l'action d'un serviteur fidèle.

SCAPIN. — Quoi, monsieur ?

GÉRONTE. — Que tu ailles dire à ce Turc qu'il me renvoie mon fils, et que tu te mets à sa place jusqu'à ce que j'aie amassé la somme qu'il demande.

SCAPIN. — Hé ! monsieur, songez-vous à ce que vous dites ? et vous figurez-vous que ce Turc ait si peu de sens que d'aller recevoir un misérable comme moi à la place de votre fils ?

GÉRONTE. — Que diable allait-il faire dans cette galère ?

SCAPIN. — Il ne devinait pas ce malheur. Songez, monsieur, qu'il ne m'a donné que deux heures.

GÉRONTE. — Tu dis qu'il demande...

SCAPIN. — Cinq cents écus.

GÉRONTE. — Cinq cents écus ! N'a-t-il point de conscience ?

SCAPIN. — Vraiment oui, de la conscience à un Turc !

GÉRONTE. — Sait-il bien ce que c'est que cinq cents écus ?

SCAPIN. — Oui, monsieur, il sait c'est mille cinq cents livres.

GÉRONTE. — Croit-il, le traître, que mille cinq cents livres se trouvent dans le pas d'un cheval ?

SCAPIN. — Ce sont des gens qui n'entendent point de raisons.

GÉRONTE. — Mais que diable allait-il faire dans cette galère ?

SCAPIN. — Il est vrai ; mais quoi ! on ne prévoyait pas les choses. De grâce, monsieur, dépêchez.

GÉRONTE. — Tiens, voilà la clef de mon armoire.

SCAPIN. — Bon.

GÉRONTE. — Tu l'ouvriras.

SCAPIN. — Fort bien.

GÉRONTE. — Tu trouveras une grosse clef du côté gauche, qui est celle de mon grenier.

SCAPIN. — Oui.

GÉRONTE. — Tu iras prendre toutes les hardes qui sont dans cette grande manne, et tu les vendras aux fripiers, pour aller racheter mon fils.

SCAPIN *en lui rendant la clef.* — Hé ! monsieur, rêvez-vous ? Je n'aurais pas cent francs de tout ce que vous dites ; et, de plus, vous savez le peu de temps qu'on m'a donné.

GÉRONTE. — Mais que diable allait-il faire dans cette galère ?

SCAPIN. — Oh ! que de paroles perdues ! Laissez là cette galère, et songez que le temps presse, et que vous courez risque de perdre votre fils... Hélas ! mon pauvre maître, peut-être que je ne te verrai de ma vie, et qu'à l'heure que je parle on t'emmène esclave en Alger ! Mais le ciel me sera témoin que j'ai fait pour toi tout ce que j'ai pu, et que, si tu manques à être racheté, il n'en faut accuser que le peu d'amitié d'un père.

GÉRONTE. — Attends, Scapin, je m'en vais quérir cette somme.

SCAPIN. — Dépêchez donc vite, monsieur ; je tremble que l'heure ne sonne.

GÉRONTE. — N'est-ce pas quatre cents écus que tu dis ?

SCAPIN. — Non, cinq cents écus.

GÉRONTE. — Cinq cents écus !

SCAPIN. — Oui.

GÉRONTE. — Que diable allait-il faire dans cette galère ?

SCAPIN. — Vous avez raison : mais hâtez-vous.

GÉRONTE. — N'y avait-il point d'autre promenade ?

SCAPIN. — Cela est vrai : mais faites promptement.

GÉRONTE. — Ah ! maudite galère !

SCAPIN *à part.* — Cette galère lui tient au cœur.

GÉRONTE. — Tiens, Scapin, je ne me souvenais pas que je viens justement de recevoir cette somme en or ; et je ne croyais pas qu'elle dût m'être sitôt ravie. (*Tirant sa bourse de sa poche et la présentant à Scapin.*) Tiens, va-t'en racheter mon fils.

SCAPIN *tendant la main.* — Oui, monsieur.

GÉRONTE *retenant sa bourse, qu'il fait semblant de vouloir donner à Scapin.* — Mais dis à ce Turc que c'est un scélérat.

SCAPIN *tendant encore la main.* — Oui.

GÉRONTE *recommençant la même action.* — Un infâme.

SCAPIN *tendant toujours la main.* — Oui.

GÉRONTE *de même.* — Un homme sans foi, un voleur.

SCAPIN. — Laissez-moi faire.

GÉRONTE *de même.* — Qu'il me tire cinq cents écus contre toute sorte de droit.

SCAPIN. — Oui.

GÉRONTE *de même.* — Que je ne les lui donne ni à la mort ni à la vie.

SCAPIN. — Fort bien.

GÉRONTE *de même.* — Et que, si jamais je l'attrape, je saurai me venger de lui.

SCAPIN. — Oui.

GÉRONTE *remettant sa bourse dans sa poche et s'en allant.* — Va, va vite requérir mon fils.

SCAPIN *courant après Géronte.* — Holà, monsieur !

GÉRONTE. — Quoi ?

SCAPIN. — Où est donc cet argent ?

GÉRONTE. — Ne te l'ai-je pas donné ?

SCAPIN. — Non vraiment, vous l'avez remis dans votre poche.

GÉRONTE. — Ah ! c'est la douleur qui me trouble l'esprit.

SCAPIN. — Je le vois bien.

GÉRONTE. — Que diable allait-il faire dans cette galère? Ah! maudite galère! traître de Turc, à tous les diables!

SCAPIN seul. — Il ne peut digérer les cinq cents écus que je lui arrache; mais il n'est pas quitte envers moi, et je veux qu'il me paye en une autre monnaie l'imposture qu'il m'a faite auprès de son fils.

SCÈNE XII.
OCTAVE, LÉANDRE, SCAPIN.

OCTAVE. — Hé bien! Scapin, as-tu réussi pour moi dans ton entreprise?

LÉANDRE. — As-tu fait quelque chose pour tirer mon amour de la peine où il est?

SCAPIN à Octave. — Voilà deux cents pistoles que j'ai tirées de votre père.

OCTAVE. — Ah! que tu me donnes de joie!

ACTE II, SCÈNE V.
LÉANDRE mettant l'épée à la main. — Vous faites le méchant plaisant, ah! je vous apprendrai...

SCAPIN à Léandre. — Pour vous, je n'ai pu faire rien.

LÉANDRE voulant s'en aller. — Il faut donc que j'aille mourir; et je n'ai que faire de vivre si Zerbinette m'est ôtée.

SCAPIN. — Holà! holà! tout doucement. Comme diantre vous allez vite!

LÉANDRE se retournant. — Que veux-tu que je devienne?

SCAPIN. — Allez, j'ai votre affaire ici.

LÉANDRE. — Ah! tu me redonnes la vie.

SCAPIN. — Mais à condition que vous me permettrez, à moi, une petite vengeance contre votre père pour le tour qu'il m'a fait.

LÉANDRE. — Tout ce que tu voudras.

SCAPIN. — Vous me le promettez devant témoin?

LÉANDRE. — Oui.

SCAPIN. — Tenez, voilà cinq cents écus.

LÉANDRE. — Allons-en promptement acheter celle que j'adore.

ACTE TROISIÈME.

SCÈNE I.
ZERBINETTE, HYACINTHE, SCAPIN, SILVESTRE.

SILVESTRE. — Oui, vos amants ont arrêté entre eux que vous fussiez ensemble; et nous nous acquittons de l'ordre qu'ils nous ont donné.

HYACINTHE à Zerbinette. — Un tel ordre n'a rien qui ne me soit fort agréable. Je reçois avec joie une compagne de la sorte; et il ne tiendra pas à moi que l'amitié qui est entre les personnes que nous aimons ne se répande entre nous deux.

ZERBINETTE. — J'accepte la proposition, je ne suis point personne à reculer lorsqu'on m'attaque d'amitié.

SCAPIN. — Et lorsque c'est d'amour qu'on vous attaque?

ZERBINETTE. — Pour l'amour, c'est une autre chose : on y court un peu plus de risque, et je n'y suis pas si hardie.

SCAPIN. — Vous l'êtes, que je crois, contre mon maître, maintenant; et ce qu'il vient de faire pour vous doit vous donner du cœur pour répondre comme il faut à sa passion.

ZERBINETTE. — Je ne m'y fie encore que de la bonne sorte; et ce n'est pas assez pour m'assurer entièrement, que ce qu'il vient de faire. J'ai l'humeur enjouée, et sans cesse je ris : mais, tout en riant, je suis sérieuse sur de certains chapitres; et ton maître s'abusera s'il croit qu'il lui suffise de m'avoir achetée pour me voir toute à lui. Il doit lui en coûter autre chose que de l'argent; et, pour répondre à son amour de la manière qu'il souhaite, il me faut un don de sa foi qui soit assaisonné de certaines cérémonies qu'on trouve nécessaires.

SCAPIN. — C'est là aussi comme il l'entend. Il ne prétend à vous qu'en tout bien et en tout honneur; et je n'aurais pas été homme à me mêler de cette affaire s'il avait eu une autre pensée.

ZERBINETTE. — C'est ce que je veux croire, puisque vous me le dites; mais, du côté du père, j'y prévois des empêchements.

SCAPIN. — Nous trouverons moyen d'accommoder les choses.

HYACINTHE à Zerbinette. — La ressemblance de nos destins doit contribuer encore à faire naître notre amitié; et nous nous voyons toutes deux dans les mêmes alarmes, toutes deux exposées à la même infortune.

ACTE II, SCÈNE IX.
SILVESTRE. — Lui! lui! Par le sang! par la tête! s'il était là, je lui donnerais tout à l'heure de l'épée dans le ventre.

ZERBINETTE. — Vous avez cet avantage au moins que vous savez de qui vous êtes née, et que l'appui de vos parents, que vous pouvez faire connaître, est capable d'ajuster tout, peut assurer votre bonheur, et faire donner un consentement au mariage qu'on trouve fait. Mais, pour moi, je ne rencontre aucun secours dans ce que je puis être; et l'on me voit dans un état qui n'adoucira pas les volontés d'un père qui ne regarde que le bien.

HYACINTHE. — Mais aussi avez-vous cet avantage que l'on ne tente point par un autre parti celui que vous aimez.

ZERBINETTE. — Le changement du cœur d'un amant n'est pas ce qu'on peut le plus craindre, on se peut naturellement croire assez de mérite pour garder sa conquête; et ce que je vois de plus redoutable, dans ces sortes d'affaires, c'est la puissance paternelle, auprès de qui tout le mérite ne sert de rien.

HYACINTHE. — Hélas! pourquoi faut-il que de justes inclinations se trouvent traversées? La douce chose que d'aimer, lorsque l'on ne voit point d'obstacle à ces aimables chaînes dont deux cœurs se lient ensemble!

SCAPIN. — Vous vous moquez; la tranquillité en amour est un calme désagréable. Un bonheur tout uni nous devient ennuyeux, il faut du haut et du bas dans la vie; et les difficultés qui se mêlent aux choses réveillent les ardeurs, augmentent les plaisirs.

ZERBINETTE. — Mon Dieu! Scapin, fais-nous un peu ce récit, qu'on m'a dit qui est si plaisant, du stratagème dont tu t'es avisé pour tirer de l'argent de ton vieillard avare : tu sais qu'on ne perd point sa peine lorsqu'on me fait un conte, et que je le paye assez bien par la joie qu'on m'y voit prendre.

ACTE II, SCÈNE XI.
GÉRONTE. — Que diable allait-il faire dans cette galère?

SCAPIN. — Voilà Silvestre qui s'en acquittera aussi bien que moi. J'ai dans la tête certaine petite vengeance dont je vais goûter le plaisir.

SILVESTRE. — Pourquoi, de gaieté de cœur, veux-tu chercher à t'attirer de méchantes affaires?

SCAPIN. — Je me plais à tenter des entreprises hasardeuses.

SILVESTRE. — Je te l'ai déjà dit, tu quitterais le dessein que tu as si tu m'en voulais croire.

SCAPIN. — Oui; mais c'est moi que j'en croirai.

SILVESTRE. — A quoi diable te vas-tu amuser?

SCAPIN. — De quoi diable te mets-tu en peine?

SILVESTRE. — C'est que je vois que, sans nécessité, tu vas courir risque de t'attirer une venue de coups de bâton.

SCAPIN. — Hé bien! c'est aux dépens de mon dos, et non pas du tien.

SILVESTRE. — Il est vrai que tu es maître de tes épaules, et tu en disposeras comme il te plaira.

SCAPIN. — Ces sortes de périls ne m'ont jamais arrêté; et je hais ces cœurs pusillanimes, qui, pour trop prévoir les suites des choses, n'osent rien entreprendre.

ZERBINETTE à Scapin. — Nous aurons besoin de tes soins.

SCAPIN. — Allez. Je vous irai bientôt rejoindre. Il ne sera pas dit qu'impunément on m'ait mis en état de me trahir moi-même, et de découvrir des secrets qu'il était bon qu'on ne sût pas.

SCÈNE II.
GÉRONTE, SCAPIN.

GÉRONTE. — Hé bien! Scapin, comment va l'affaire de mon fils?

SCAPIN. — Votre fils, monsieur, est en lieu de sûreté : mais vous courez maintenant, vous, le péril le plus grand du monde, et je voudrais pour beaucoup que vous fussiez dans votre logis.

GÉRONTE. — Comment donc?

SCAPIN. — A l'heure que je parle, on vous cherche de toutes parts pour vous tuer.

GÉRONTE. — Moi?

SCAPIN. — Oui.

GÉRONTE. — Et qui?

SCAPIN. — Le frère de cette personne qu'Octave a épousée. Il croit que le dessein que vous avez de mettre votre fille à la place que tient sa sœur est ce qui pousse le plus fort à faire rompre leur mariage; et, dans cette pensée, il a résolu hautement de décharger son désespoir sur vous, et de vous ôter la vie pour venger son honneur. Tous ses amis, gens d'épée comme lui, vous cherchent de tous côtés, et demandent de vos nouvelles. J'ai vu même de çà et de là des soldats de sa compagnie qui interrogent ceux qu'ils trouvent, et occupent par pelotons toutes les avenues de votre maison; de sorte que vous ne sauriez aller chez vous, vous ne sauriez faire un pas ni à droite ni à gauche que vous ne tombiez dans leurs mains.

GÉRONTE. — Que ferai-je, mon pauvre Scapin?

SCAPIN. — Je ne sais pas, monsieur; et voici une étrange affaire. Je tremble pour vous depuis les pieds jusqu'à la tête, et..... Attendez. (Scapin faisant semblant d'aller voir au fond du théâtre s'il n'y a personne.)

GÉRONTE en tremblant. — Hé?

SCAPIN. — Non, non, non, ce n'est rien.

GÉRONTE. — Ne saurais-tu trouver quelque moyen pour me tirer de peine?

SCAPIN. — J'en imagine bien un; mais je courrais risque, moi, de me faire assommer.

ACTE III, SCÈNE III.
ZERBINETTE. — .... Mais il me semble que vous ne riez point de mon conte. Qu'en dites-vous?

GÉRONTE. — Hé! Scapin, montre-toi serviteur zélé. Ne m'abandonne pas, je te prie.

SCAPIN. — Je le veux bien. J'ai une tendresse pour vous qui ne saurait souffrir que je vous laisse sans secours.

GÉRONTE. — Tu en seras récompensé, je t'assure; et je te promets cet habit-ci quand je l'aurai un peu usé.

SCAPIN. — Attendez. Voici une affaire que j'ai trouvée fort à propos pour vous sauver. Il faut que vous vous mettiez dans ce sac, et que...

GÉRONTE croyant voir quelqu'un. — Ah!

SCAPIN. — Non, non, non, non, ce n'est personne. Il faut, dis-je, que vous vous mettiez là-dedans, et que vous vous gardiez de remuer en aucune façon. Je vous chargerai sur mon dos, comme un paquet de quelque chose ; et je vous porterai ainsi, au travers de vos ennemis, jusque dans votre maison, où, quand nous serons une fois, nous pourrons nous barricader et envoyer quérir main-forte contre la violence.

GÉRONTE. — L'invention est bonne.

SCAPIN. — La meilleure du monde. Vous allez voir. (*A part.*) Tu me payeras l'imposture.

GÉRONTE. — Hé ?

SCAPIN. — Je dis que vos ennemis seront bien attrapés. Mettez-vous bien jusqu'au fond ; et surtout prenez garde de ne vous point montrer, et de ne branler pas, quelque chose qui puisse arriver.

GÉRONTE. — Laisse-moi faire, je saurai me tenir.

SCAPIN. — Cachez-vous. Voici un spadassin qui vous cherche. (*En contrefaisant sa voix.*) Quoi ! jé n'aurai pas l'abantage dé tué cé Géronte ? et quelqu'un, par charité, ne m'enseignéra pas où il est ? (*A Géronte avec sa voix ordinaire.*) Ne branlez pas, *Cadédis, jé lé troubérai, sé cachât-il au centre dé la terre.* (*A Géronte, avec son ton naturel.*) Ne vous montrez pas. *Oh ! l'homme au sac ? Monsieur ? Jé té vaille un louis, et m'enseigne où peut être Géronte ?* Oui, mordi, *jé lé cherche.* Et pour quelle affaire, monsieur ? *Pour quelle affaire ?* Oui. *Jé beux, cadédis, lé faire mourir sous les coups dé vaton.* Oh ! monsieur, les coups de bâton ne se donnent point à des gens comme lui, et ce n'est pas un homme à être traité de la sorte. *Qué cé fat dé Géronte, cé maraud, cé vélître ?* Le seigneur Géronte, monsieur, n'est ni fat, ni maraud, ni bélître ; et vous devriez, s'il vous plaît, parler d'autre façon. *Comment ! tu mé traites à moi avec cette hauteur ?* Je défends, comme je dois, un homme d'honneur qu'on offense. *Est-ce que tu es amis dé cé Géronte ?* Oui, monsieur, j'en suis. *Ah ! cadédis, tu es dé ses amis ? à la vonne hure.* (*Donnant plusieurs coups de bâton sur le sac.*) Tiens, voilà cé qué jé té baille pour lui. (*Criant comme s'il recevait les coups de vâton.*) Ah ! ah ! ah ! ah ! ah ! monsieur ! ah ! ah ! monsieur, tout beau ! Ah ! doucement ! Ah ! ah ! ah ! ah ! *Va, porte-lui céla dé ma part. Adiusias.* Ah ! diable soit le Gascon ! Ah !

GÉRONTE *mettant la tête hors du sac.* — Ah ! Scapin, je n'en puis plus.

SCAPIN. — Ah ! monsieur, je suis tout moulu, et les épaules me font un mal épouvantable.

GÉRONTE. — Comment ! c'est sur les miennes qu'il a frappé.

SCAPIN. — Nenni, monsieur ; c'était sur mon dos qu'il frappait.

GÉRONTE. — Que veux-tu dire ? J'ai bien senti les coups, et je les sens bien encore.

SCAPIN. — Non, vous dis-je, ce n'est que le bout du bâton qui a été jusque sur vos épaules.

GÉRONTE. — Tu devais donc te retirer un peu plus loin, pour m'épargner….

SCAPIN *faisant remettre Géronte dans le sac.* — Prenez garde. En voici un autre qui a la mine d'un étranger. *Parti, moi courir comme une Basque, et moi né pouvre point troufair de tout le jour sti tiable de Géronte !* Cachez-vous bien. *Dites un peu moi, fous, monsieur l'homme, s'il ve plaît ; fous savoir point où s'est sti Géronte que moi cherchir ?* Non, monsieur, je ne sais point où est Géronte. *Dites-moi-le, fous, franchement ; moi li fouloir pas grande chose à lui. L'est seulement pour li donnair une petite régale sué le dos d'une douzaïne de coups de bâtonna, et dé trois ou quatre petites coups d'épé au trafers de son poitrine.* Je vous assure, monsieur, que je ne sais pas où il est. *Il me semble que jé foi remuair quelque chose dans sti sac.* Pardonnez-moi, monsieur. *Li est assurément quelque histoire li tetans. Point du tout, monsieur. Moi l'afoir enfie de tonner un coup d'épée dans sti sac. Ah ! monsieur, gardez-vous-en bien. Montre-le-moi un peu, fous, ce que c'estre la.* Tout beau, monsieur ! *Quement, tout beau !* Vous n'avez que faire de vouloir voir ce que je porte. *Et moi je lé fouloir foir, moi.* Vous ne le verrez point. *Ah ! que de badinemente !* Ce sont hardes qui m'appartiennent. *Montre-moi, fous, le dis-je.* Je n'en ferai rien : *Toi n'en faire rien ?* Non. *Moi pailler de ste bâtonne sur les épaules de toi.* Je me moque de cela. *Ah ! toi faire le trôle.* (*Donnant des coups de bâton sur le sac, et criant comme s'il les recevait.*) Ah ! ah ! ah ! ah ! monsieur ! ah ! ah ! ah ! ah ! *Jusqu'au refoir ; l'être là un peti leçon pour li apprendre à toi à parler insolentemente.* Ah ! peste soit du baragouineux ! Ah !

GÉRONTE *sortant sa tête hors du sac.* — Ah ! je suis roué.

SCAPIN. — Ah ! je suis mort.

GÉRONTE. — Pourquoi diantre faut-il qu'ils frappent sur mon dos ?

SCAPIN *lui remettant la tête dans le sac.* — Prenez garde, voici une demi-douzaine de soldats tous ensemble. (*Contrefaisant la voix de plusieurs personnes.*) Allons, tâchons à trouver ce Géronte, cherchons partout. N'épargnons point nos pas. Courons toute la ville. N'oublions aucun lieu. Visitons tous. Furetons de tous les côtés. Par où irons-nous ? Tournons par là. Non, par ici. A gauche. A droite. Nenni. Si fait. (*A Géronte, avec sa voix ordinaire.*) Cachez-vous bien. *Ah ! camarades, voici son valet. Allons, coquin, il faut que tu nous enseignes où est ton maître. Hé ! messieurs, ne me maltraitez point. Allons, dis-nous où il est. Parle. Hâte-toi. Expédions. Dépêche vite. Tôt.* Hé ! messieurs, doucement. (*Géronte met doucement la tête hors du sac, et aperçoit la fourberie de Scapin.*) *Si tu ne nous fais trouver ton maître tout à l'heure, nous allons faire pleuvoir sur toi une ondée de coups de bâton.* J'aime mieux souffrir toute chose que de vous découvrir mon

maître *Nous allons t'assommer.* Faites tout ce qu'il vous plaira. *Tu a envie d'être battu !* Je ne trahirai pas mon maître. *Ah ! tu en veu tâter ! Voilà….. Oh ! (Comme il est près de frapper, Géronte sort du sac et Scapin s'enfuit.)*

GÉRONTE *seul.* — Ah ! infâme ! Ah ! traître ! Ah ! scélérat ! C'est ainsi que tu m'assassines !

SCÈNE III.

ZERBINETTE, GÉRONTE.

ZERBINETTE *riant sans voir Géronte*. — Ah ! ah ! je veux prendre un peu l'air.

GÉRONTE *à part sans voir Zerbinette*. — Tu me le payeras, je te jure.

ZERBINETTE *sans voir Géronte*. — Ah ! ah ! ah ! ah ! la plaisante histoire ! et la bonne dupe que ce vieillard !

GÉRONTE. — Il n'y a rien de plaisant à cela, et vous n'avez que faire d'en rire.

ZERBINETTE. — Quoi ! Que voulez-vous dire, monsieur ?

GÉRONTE. — Je veux dire que vous ne devez pas vous moquer de moi.

ZERBINETTE. — De vous ?

GÉRONTE. — Oui.

ZERBINETTE. — Comment ! Qui songe à se moquer de vous ?

GÉRONTE. — Pourquoi venez-vous ici me rire au nez ?

ZERBINETTE. — Cela ne vous regarde point, et je ris toute seule d'un conte qu'on vient de me faire, le plus plaisant qu'on puisse entendre. Je ne sais pas si c'est parce que je suis intéressée dans la chose ; mais je n'ai jamais trouvé rien de si drôle qu'un tour qui vient d'être joué par un fils à son père pour en attraper de l'argent.

GÉRONTE. — Par un fils à son père pour en attraper de l'argent ?

ZERBINETTE. — Oui. Pour peu que vous me pressiez, vous me trouverez assez disposée à vous dire l'affaire ; et j'ai une démangeaison naturelle à faire part des contes que je sais.

GÉRONTE. — Je vous prie de me dire cette histoire.

ZERBINETTE. — Je le veux bien. Je ne risquerai pas grand'chose à vous la dire, et c'est une aventure qui n'est pas pour être longtemps secrète. La destinée a voulu que je me trouvasse parmi une bande de ces personnes qu'on appelle Égyptiens, et qui, rôdant de province en province, se mêlent de dire la bonne fortune, et quelquefois de beaucoup d'autres choses. En arrivant dans cette ville, un jeune homme me vit, et conçut pour moi de l'amour. Dès ce moment, il s'attache à mes pas ; et le voilà d'abord comme tous les jeunes gens, qui croient qu'il n'y a qu'à parler, et qu'au moindre mot qu'ils nous disent leurs affaires sont faites : mais il trouva une fierté qui lui fit un peu corriger ses premières pensées. Il fit connaître sa passion aux gens qui me tenaient, et il les trouva disposés à me laisser à lui, moyennant quelque somme. Mais le mal de l'affaire était que mon amant se trouvait dans l'état où l'on voit très-souvent la plupart des fils de famille, c'est-à-dire qu'il était un peu dénué d'argent. Il a un père qui, quoique riche, est un avaricieux fieffé, le plus vilain homme du monde. Attendez. Ne me saurais-je souvenir de son nom ? Ah ! aidez-moi un peu. Ne pouvez-vous me nommer quelqu'un de cette ville qui soit connu pour être avare au dernier point ?

GÉRONTE. — Non.

ZERBINETTE. — Il y a à son nom du ron… ronte. O… Oronte. Non. Gé… Géronte. Oui, Géronte, justement ; voilà mon vilain, je l'ai trouvé, c'est ce ladre-là que je dis. Pour venir à notre conte, nos gens ont voulu aujourd'hui partir de cette ville ; et mon amant m'allait perdre, faute d'argent, si, pour en tirer de son père, il n'avait trouvé du secours dans l'industrie d'un serviteur qu'il a. Pour le nom du servitcur, je le sais à merveille ; il s'appelle Scapin : c'est un homme incomparable, et il mérite toutes les louanges que l'on peut donner.

GÉRONTE *à part*. — Ah ! coquin que tu es !

ZERBINETTE. — Voici le stratagème dont il s'est servi pour attraper sa dupe. Ah ! ah ! ah ! je ne saurais m'en souvenir que je ne rie de tout mon cœur. Ah ! ah ! ah ! Il est allé trouver ce chien d'avare, ah ! ah ! ah ! et lui a dit qu'en se promenant sur le port avec son fils, hi ! hi ! ils avaient vu une galère turque, où on les avait invités d'entrer ; qu'un jeune Turc leur y avait donné la collation ; ah ! que, tandis qu'ils mangeaient, on avait mis la galère en mer, et que le Turc l'avait renvoyé lui seul à terre dans un esquif, avec ordre de dire au père de son maître qu'il lui emmenait son fils en Alger s'il ne lui envoyait tout à l'heure cinq cents écus. Ah ! ah ! ah ! Voilà mon ladre, mon vilain, dans de furieuses angoisses ; et la tendresse qu'il a pour son fils fait un combat étrange avec son avarice. Cinq cents écus qu'on lui demande sont justement cinq cents coups de poignard qu'on lui donne. Ah ! ah ! ah ! Il ne peut se résoudre à tirer cette somme de ses entrailles, et la peine qu'il souffre lui fait trouver cent moyens ridicules pour ravoir son fils. Ah ! ah ! ah ! Il veut envoyer la justice en mer après la galère du Turc. Ah ! ah ! ah ! Il sollicite son valet de s'aller offrir à tenir la place de son fils jusqu'à ce qu'il ait amassé l'argent qu'il n'a pas envie de donner. Ah ! ah ! ah ! Il abandonne, pour faire les cinq cents écus, quatre ou cinq vieux habits qui n'en valent pas trente. Ah ! ah ! ah ! Le valet lui fait comprendre à tous coups l'impertinence de ses propositions, et chaque réflexion est douloureusement accompagnée d'un Mais que diable allait-il faire dans cette galère? Ah! maudite galère! Traître de Turc! Enfin, après plusieurs détours, après avoir longtemps gémi et soupiré... Mais il me semble que vous ne riez point de mon conte. Qu'en dites-vous?

GÉRONTE. — Je dis que le jeune homme est un pendard, un insolent, qui sera puni par son père du tour qu'il lui a fait; que l'Égyptienne est une malavisée, une impertinente, de dire des injures à un homme d'honneur, qui saura lui apprendre à venir ici débaucher les enfants de famille; et que le valet est un scélérat, qui sera par Géronte envoyé au gibet avant qu'il soit demain.

SCÈNE IV.

ZERBINETTE, SILVESTRE.

SILVESTRE. — Où est-ce donc que vous vous échappez? Savez-vous bien que vous venez de parler là au père de votre amant?

ZERBINETTE. — Je viens de m'en douter, et je me suis adressée à lui-même, sans y penser, pour lui conter son histoire.

SILVESTRE. — Comment, son histoire?

ZERBINETTE. — Oui : j'étais toute remplie du conte, et je brûlais de le redire. Mais qu'importe? Tant pis pour lui. Je ne vois pas que les choses pour nous en puissent être ni pis ni mieux.

SILVESTRE. — Vous aviez grande envie de babiller; et c'est avoir bien de la langue que de ne pouvoir se taire de ses propres affaires.

ZERBINETTE. — N'aurait-il pas appris cela de quelque autre?

SCÈNE V.

ARGANTE, ZERBINETTE, SILVESTRE.

ARGANTE derrière le théâtre. — Holà, Silvestre.
SILVESTRE à Zerbinette. — Rentrez dans la maison. Voilà mon maître qui m'appelle.

SCÈNE VI.

ARGANTE, SILVESTRE.

ARGANTE. — Vous vous êtes donc accordés, coquins, vous vous êtes accordés, Scapin, vous, et mon fils, pour me fourber! et vous croyez que je l'endure?

SILVESTRE. — Ma foi, monsieur, si Scapin vous fourbe, je m'en lave les mains, et vous assure que je n'y trempe en aucune façon.

ARGANTE. — Nous verrons cette affaire, pendard, nous verrons cette affaire; et je ne prétends pas qu'on me fasse passer la plume par le bec.

SCÈNE VII.

GÉRONTE, ARGANTE, SILVESTRE.

GÉRONTE. — Ah! seigneur Argante, vous me voyez accablé de disgrâce.

ARGANTE. — Vous me voyez aussi dans un accablement horrible.

GÉRONTE. — Le pendard de Scapin, par une fourberie, m'a attrapé cinq cents écus.

ARGANTE. — Le même pendard de Scapin, par une fourberie aussi, m'a attrapé deux cents pistoles.

GÉRONTE. — Il ne s'est pas contenté de m'attraper cinq cents écus, il m'a traité d'une manière que j'ai honte de dire. Mais il me la payera.

ARGANTE. — Je veux qu'il me fasse raison de la pièce qu'il m'a jouée.

GÉRONTE. — Et je prétends faire de lui une vengeance exemplaire.

SILVESTRE à part. — Plaise au ciel que, dans tout ceci, je n'aie point ma part!

GÉRONTE. — Mais ce n'est pas encore tout, seigneur Argante, et un malheur nous est toujours l'avant-coureur d'un autre. Je me réjouissais aujourd'hui de l'espérance d'avoir ma fille, dont je faisais toute ma consolation; et je viens d'apprendre de mon homme qu'elle est partie il y a longtemps de Tarente, et qu'on y croit qu'elle a péri dans le vaisseau où elle s'embarqua.

ARGANTE. — Mais pourquoi, s'il vous plait, la tenir à Tarente, et ne vous être pas donné la joie de l'avoir avec vous?

GÉRONTE. — J'ai eu mes raisons pour cela; et des intérêts de famille m'ont obligé jusqu'ici à tenir fort secret ce second mariage. Mais que vois-je?

SCÈNE VIII.

ARGANTE, GÉRONTE, NÉRINE, SILVESTRE.

GÉRONTE. — Ah! te voilà, nourrice!

NÉRINE se jetant aux genoux de Géronte. — Ah! seigneur Pandolphe, que....

GÉRONTE. — Appelle-moi Géronte, et ne te sers plus de ce nom : les raisons ont cessé qui m'avaient obligé à le prendre parmi vous à Tarente.

NÉRINE. — Las! que ce changement de nom nous a causé de troubles et d'inquiétudes dans les soins que nous avons pris de vous venir chercher ici!

GÉRONTE. — Où est ma fille et sa mère?

NÉRINE. — Votre fille, monsieur, n'est pas loin d'ici; mais, avant que de vous la faire voir, il faut que je vous demande pardon de l'avoir mariée, dans l'abandonnement où, faute de vous rencontrer, je me suis trouvée avec elle.

GÉRONTE. — Ma fille mariée!

NÉRINE. — Oui, monsieur.

GÉRONTE. — Et avec qui?

NÉRINE. — Avec un jeune homme nommé Octave, fils d'un certain seigneur Argante.

GÉRONTE. — O ciel!

ARGANTE. — Quelle rencontre!

GÉRONTE. — Mène-nous, mène-nous promptement où elle est.

NÉRINE. — Vous n'avez qu'à entrer dans ce logis.

GÉRONTE. — Passe devant. Suivez-moi, suivez-moi, seigneur Argante.

SILVESTRE seul. — Voilà une aventure qui est tout à fait surprenante.

SCÈNE IX.

SCAPIN, SILVESTRE.

SCAPIN. — Hé bien! Silvestre, que font nos gens?

SILVESTRE. — J'ai deux avis à te donner. L'un que l'affaire d'Octave est accommodée : notre Hyacinthe s'est trouvée la fille du seigneur Géronte; et le hasard a fait ce que la prudence des pères avait délibéré. L'autre avis, c'est que les deux vieillards font contre toi des menaces épouvantables, et surtout le seigneur Géronte.

SCAPIN. — Cela n'est rien. Les menaces ne m'ont jamais fait mal : et ce sont des nuées qui passent bien loin sur nos têtes.

SILVESTRE. — Prends garde à toi, les fils se pourraient bien raccommoder avec les pères, et toi demeurer dans la nasse.

SCAPIN. — Laisse-moi faire, je trouverai moyen d'apaiser leur courroux; et...

SILVESTRE. — Retire-toi; les voilà qui sortent.

SCÈNE X.

GÉRONTE, ARGANTE, HYACINTHE, ZERBINETTE, NÉRINE, SILVESTRE.

GÉRONTE. — Allons, ma fille, venez chez moi. Ma joie aurait été parfaite si j'avais pu voir votre mère avec vous.

ARGANTE. — Voici Octave tout à propos.

SCÈNE XI.

ARGANTE, GÉRONTE, OCTAVE, HYACINTHE, ZERBINETTE, NÉRINE, SILVESTRE.

ARGANTE. — Venez, mon fils, venez vous réjouir avec nous de l'heureuse aventure de votre mariage. Le ciel...

OCTAVE. — Non, mon père, toutes vos propositions de mariage ne serviront de rien. Je dois lever le masque avec vous, et l'on vous a dit mon engagement.

ARGANTE. — Oui. Mais tu ne sais pas...

OCTAVE. — Je sais tout ce qu'il faut savoir.

ARGANTE. — Je te veux dire que la fille du seigneur Géronte...

OCTAVE. — La fille du seigneur Géronte ne me sera jamais de rien.

GÉRONTE. — C'est elle...

OCTAVE à Géronte. — Non, monsieur, je vous demande pardon : mes résolutions sont prises.

SILVESTRE à Octave. — Ecoutez.

OCTAVE. — Non, tais-toi, je n'écoute rien.

ARGANTE à Octave. — Ta femme...

OCTAVE. — Non, vous dis-je, mon père; je mourrai plutôt que de quitter mon aimable Hyacinthe. Oui, vous avez beau faire, c'est celle à qui ma foi (traversant le théâtre pour se mettre à côté d'Hyacinthe) est engagée; je l'aimerai toute ma vie, et je ne veux point d'autre femme.

ARGANTE. — Hé bien! c'est elle qu'on te donne. Quel diable d'étourdi qui suit toujours sa pointe!

HYACINTHE montrant Géronte. — Oui, Octave, voilà mon père que j'ai trouvé; et nous voyons hors de peine.

GÉRONTE. — Allons chez moi, nous serons mieux qu'ici pour nous entretenir.

HYACINTHE montrant Zerbinette. — Ah! mon père, je vous demande par grâce que je ne sois point séparée de l'aimable personne que vous voyez. Elle a un mérite qui vous fera concevoir de l'estime pour elle, quand il sera connu de vous.

GÉRONTE. — Tu veux que je tienne chez moi une personne qui est aimée de ton frère, et qui m'a dit tantôt au nez mille sottises de moi-même?

ZERBINETTE. — Monsieur, je vous prie de m'excuser. Je n'aurais pas parlé de la sorte si j'avais su que c'était vous, et je ne vous connaissais que de réputation.

GÉRONTE. — Comment! que de réputation?

HYACINTHE. — Mon père, la passion que mon frère a pour elle n'a rien de criminel, et je réponds de sa vertu.

GÉRONTE. — Voilà qui est fort bien. Ne voudrait-on point que je mariasse mon fils avec elle? une fille inconnue qui fait le métier de coureuse!

SCÈNE XII.

ARGANTE, GÉRONTE, LÉANDRE, OCTAVE, HYACINTHE, ZERBINETTE, NÉRINE, SILVESTRE.

LÉANDRE. — Mon père, ne vous plaignez point que j'aime une inconnue sans naissance et sans bien. Ceux de qui je l'ai rachetée viennent de me découvrir qu'elle est de cette ville et d'honnête famille; que ce sont eux qui l'y ont dérobée à l'âge de quatre ans : et voici un bracelet qu'ils m'ont donné qui pourra nous aider à trouver ses parents.

ARGANTE. — Hélas! à voir ce bracelet, c'est ma fille, que je perdis à l'âge que vous dites.

GÉRONTE. — Votre fille?

ARGANTE. — Oui, ce l'est; et j'y vois tous les traits qui m'en peuvent rendre assuré.

HYACINTHE. — O ciel! que d'aventures extraordinaires!

SCÈNE XIII.

ARGANTE, GÉRONTE, LÉANDRE, OCTAVE, HYACINTHE, ZERBINETTE, NÉRINE, SILVESTRE, CARLE.

CARLE. — Ah! messieurs, il vient d'arriver un accident étrange.

GÉRONTE. — Quoi?

CARLE. — Le pauvre Scapin...

GÉRONTE. — C'est un coquin que je veux faire pendre.

CARLE. — Hélas! monsieur, vous ne serez pas en peine de cela. En passant contre un bâtiment, il lui est tombé sur la tête un marteau de tailleur de pierre, qui lui a brisé l'os et découvert toute la cervelle. Il se meurt, et il a prié qu'on l'apportât ici pour vous pouvoir parler avant que de mourir.

ARGANTE. — Où est-il?

CARLE. — Le voilà.

SCÈNE XIV.

ARGANTE, GÉRONTE, LÉANDRE, OCTAVE, HYACINTHE, ZERBINETTE, NÉRINE, SCAPIN, SILVESTRE, CARLE.

SCAPIN *apporté par deux hommes et la tête entourée de linge comme s'il avait été blessé.* — Ah! ah! messieurs, vous me voyez... ah! vous me voyez dans un étrange état!... Ah! je n'ai pas voulu mourir sans venir demander pardon à toutes les personnes que je puis avoir offensées. Ah! oui, messieurs, avant que de rendre le dernier soupir, je vous conjure de tout mon cœur de vouloir me pardonner tout ce que je puis vous avoir fait, et principalement le seigneur Argante et le seigneur Géronte. Ah!

ARGANTE. — Pour moi, je te pardonne; va, meurs en repos.

SCAPIN *à Géronte.* — C'est vous, monsieur, que j'ai le plus offensé par les coups de bâton que...

GÉRONTE. — Ne parle point davantage, je te pardonne aussi.

SCAPIN. — C'a été une témérité bien grande à moi, que les coups de bâton que je...

GÉRONTE. — Laissons cela.

SCAPIN. — J'ai, en mourant, une douleur inconcevable des coups de bâton que...

GÉRONTE. — Mon Dieu! tais-toi.

SCAPIN. — Les malheureux coups de bâton que je vous...

GÉRONTE. — Tais-toi, te dis-je; j'oublie tout.

SCAPIN. — Hélas! quelle bonté! Mais est-ce de bon cœur, monsieur, que vous me pardonnez ces coups de bâton que...

GÉRONTE. — Hé! oui. Ne parlons plus de rien; je te pardonne tout, voilà qui est fait.

SCAPIN. — Ah! monsieur, je me sens tout soulagé depuis cette parole.

GÉRONTE. — Oui, mais je te pardonne à la charge que tu mourras.

SCAPIN. — Comment, monsieur?

GÉRONTE. — Je me dédis de ma parole, si tu réchappes.

SCAPIN. — Ah! ah! voilà mes faiblesses qui me reprennent.

ARGANTE. — Seigneur Géronte, en faveur de notre joie il faut lui pardonner sans condition.

GÉRONTE. — Soit.

ARGANTE. — Allons souper ensemble, pour mieux goûter notre plaisir.

SCAPIN. — Et moi, qu'on me porte au bout de la table en attendant que je meure.

ACTE III, SCÈNE XIV.
SCAPIN. — Ah! je n'ai pas voulu mourir, sans venir demander pardon à toutes les personnes que je puis avoir offensées.

FIN DES FOURBERIES DE SCAPIN.

LA COMTESSE D'ESCARBAGNAS,

COMÉDIE EN UN ACTE.

Louis XIV protégeait Molière; mais il ne savait pas l'apprécier. Au lieu de lui demander des ouvrages avancés, des peintures du cœur humain, des tableaux propres à corriger les mœurs, il lui commandait de petits impromptus destinés aux amusements de la cour. La *Comtesse d'Escarbagnas* appartient à ce genre. Elle fut faite pour les fêtes que le roi donnait à la princesse palatine, Elisabeth-Charlotte, mariée au duc d'Orléans. Cette pièce servait de cadre à un long divertissement. A la fin de la scène xx venait s'intercaler le premier intermède des *Amants magnifiques*, avec les chants et les danses du prologue de *Psyché*. Les derniers mots du vicomte : Souffrez que nous puissions voir ici le reste du spectacle, annonçaient une série d'intermèdes tirés de *Psyché*, du ballet des *Muses*, de *Georges Dandin*, du *Bourgeois gentilhomme*, et du ballet des *Nations*.

La *Comtesse d'Escabargnas* fut représentée sur le théâtre de Saint-Germain-en-Laye, pendant le mois de décembre 1671; et le 8 juillet 1672 elle fut donnée sur le théâtre du Palais-Royal, où elle eut quatorze représentations consécutives.

Martial, que, dans la scène xvi, la comtesse prend pour un poëte latin, était un parfumeur, valet de chambre de Monsieur, et dont il est question dans la *Gazette de Loret*.

La leçon latine que récite le comte, dans la scène xix, est le commencement des *Commentarii grammatici*, publiés en 1587 par Jean Depaustère, et signifie : « Ce qui appartient à l'homme est du genre masculin. »

Le rôle de la comtesse d'Escarbagnas fut créé par un acteur, André Hubert, qui jouait aussi madame Jourdain dans le *Bourgeois gentilhomme*. Il se retira le 14 avril 1685 avec une pension de 1,000 livres, et mourut le 19 novembre 1700.

ÉMILE DE LA BÉDOLLIÈRE.

PERSONNAGES.

LA COMTESSE D'ESCARBAGNAS.
LE COMTE, fils de la comtesse d'Escarbagnas.
LE VICOMTE, amant de Julie.
JULIE, amante du vicomte.
M. TIBAUDIER, conseiller, amant de la comtesse.
M. HARPIN, receveur des tailles, autre amant de la comtesse.
M. BOBINET, précepteur de M. le comte.
ANDRÉE, suivante de la comtesse.
JEANNOT, valet de M. Tibaudier.
CRIQUET, valet de la comtesse.

La scène est à Angoulême.

SCÈNE I.
JULIE, LE VICOMTE.

LE VICOMTE. — Hé quoi! madame, vous êtes déjà ici?

JULIE. — Oui. Vous en devriez rougir, Cléante; et il n'est guère honnête à un amant de venir le dernier au rendez-vous.

LE VICOMTE. — Je serais ici il y a une heure s'il n'y avait point de fâcheux au monde; et j'ai été arrêté en chemin par un vieux importun de qualité qui m'a demandé tout exprès des nouvelles de la cour pour trouver moyen de me dire des plus extravagantes qu'on puisse débiter; et c'est là, comme vous savez, le fléau des petites villes, que ces grands nouvellistes qui cherchent partout où répandre les contes qu'ils ramassent. Celui-ci m'a montré d'abord deux feuilles de papier pleines jusqu'aux bords d'un grand fatras de balivernes, qui viennent, m'a-t-il dit, de l'endroit le plus sûr du monde. Ensuite, comme d'une chose fort curieuse, il m'a fait avec grand mystère une fatigante lecture de toutes les méchantes plaisanteries de la gazette de Hollande, dont il épouse les intérêts. Il tient que la France est battue en ruine par la plume de cet écrivain, et qu'il ne faut que ce bel esprit pour défaire toutes nos troupes; et de là s'est jeté à corps perdu dans le raisonnement du ministère, dont il remarque tous les défauts, et dont j'ai cru qu'il ne sortirait point. A l'entendre parler, il sait les secrets du cabinet mieux que ceux qui les font. La politique de l'Etat lui laisse voir tous ses desseins; et elle ne fait pas un pas dont il ne pénètre les intentions. Il nous apprend les ressorts cachés de tout ce qui se fait, nous découvre les vues de la prudence de nos voisins, et remue à sa fantaisie toutes les affaires de l'Europe. Ses intelligences même s'étendent jusqu'en Afrique et en Asie; et il est informé de tout ce qui s'agite dans le conseil d'en haut du Prêtre-Jean et du Grand-Mogol.

JULIE. — Vous parez votre excuse du mieux que vous pouvez, afin de la rendre agréable et faire qu'elle soit plus aisément reçue.

LE VICOMTE. — C'est là, belle Julie, la véritable cause de mon retardement; et si je voulais y donner une excuse galante, je n'aurais qu'à vous dire que le rendez-vous que vous voulez prendre peut autoriser la paresse dont vous me querellez, que m'engager à faire l'amant de la maîtresse du logis, c'est me mettre en état de craindre de me trouver ici le premier; que cette feinte où je me force n'étant que pour vous plaire, j'ai lieu de ne vouloir en souffrir la contrainte que devant les yeux qui s'en divertissent; que j'évite le tête-à-tête avec cette comtesse ridicule dont vous m'embarrassez; et, en un mot, que, ne venant ici que pour vous, j'ai toutes les raisons du monde d'attendre que vous y soyez.

JULIE. — Nous savons bien que vous ne manquerez jamais d'esprit pour donner de belles couleurs aux fautes que vous pourrez faire. Cependant si vous étiez venu une demi-heure plus tôt, nous aurions profité de tous ces moments; car j'ai trouvé en arrivant que la comtesse était sortie, et je ne doute point qu'elle ne soit allée par la ville se faire honneur de la comédie que vous me donnez sous son nom.

LE VICOMTE. — Mais tout de bon, madame, quand voulez-vous mettre fin à cette contrainte et me faire moins acheter le bonheur de vous voir?

JULIE. — Quand nos parents pourront être d'accord; ce que je n'ose espérer. Vous savez, comme moi, que les démêlés de nos deux familles ne nous permettent point de nous voir autre part, et que nos frères, non plus que votre père, ne sont pas assez raisonnables pour souffrir notre amour.

LE VICOMTE. — Mais pourquoi ne pas mieux jouir du rendez-vous que leur inimitié nous laisse, et me contraindre à perdre en une sotte feinte les moments que j'ai près de vous?

JULIE. — Pour mieux cacher notre amour. Et puis, à vous dire la vérité, cette feinte dont vous parlez m'est une comédie fort agréable; et je ne sais si celle que vous me donnez aujourd'hui nous divertira davantage. Notre comtesse d'Escarbagnas, avec son perpétuel entêtement de qualité, est un aussi bon personnage qu'on puisse mettre sur le théâtre. Le petit voyage qu'elle a fait à Paris l'a ramenée dans Angoulême plus achevée qu'elle n'était. L'approche de l'air de la cour a donné à son ridicule de nouveaux agréments; et sa sottise tous les jours ne fait que croître et embellir.

LE VICOMTE. — Oui; mais vous ne considérez pas que le jeu qui vous divertit tient mon cœur au supplice; et qu'on n'est point capable de se jouer longtemps lorsqu'on a dans l'esprit une passion aussi sérieuse que celle que je sens pour vous. Il est cruel, belle Julie, que cet amusement dérobe à mon amour un temps qu'il voudrait employer à vous expliquer son ardeur; et cette nuit j'ai fait là-dessus quelques vers que je ne puis m'empêcher de vous réciter sans que vous me le demandiez, tant la démangeaison de dire ses ouvrages est un vice attaché à la qualité de poëte :

C'est trop longtemps, Iris, me mettre à la torture.

Iris, comme vous le voyez, est mis là pour Julie.

C'est trop longtemps, Iris, me mettre à la torture;
Et si je suis vos lois, je les blâme tout bas
De me forcer à taire un tourment que j'endure,
Pour déclarer un mal que je ne ressens pas.

Faut-il que vos beaux yeux, à qui je rends les armes,
Veuillent se divertir de mes tristes soupirs!
Et n'est-ce pas assez de souffrir pour vos charmes,
Sans me faire souffrir encor pour vos plaisirs?

C'en est trop à la fois que ce double martyre;
Et ce qu'il me faut taire, et ce qu'il me faut dire,
Exerce sur mon cœur pareille cruauté :

L'amour le met en feu, la contrainte le tue;
Et, si par la pitié vous n'êtes combattue,
Je meurs et de la feinte et de la vérité.

JULIE. — Je vois que vous vous faites là bien plus maltraité que vous n'êtes; mais c'est une licence que prennent messieurs les poëtes de mentir de gaieté de cœur, et de donner à leurs maîtresses des cruautés qu'elles n'ont pas, pour s'accommoder aux pensées qui leur peuvent venir. Cependant je serai bien aise que vous me donniez ces vers par écrit.

LE VICOMTE. — C'est assez de vous les avoir dits, et je dois en demeurer là. Il est permis d'être parfois assez fou pour faire des vers, mais non pour vouloir qu'ils soient vus.

JULIE. — C'est en vain que vous vous retranchez sur une fausse modestie; on sait dans le monde que vous avez de l'esprit; et je ne vois pas la raison qui vous oblige à cacher les vôtres.

LE VICOMTE. — Mon Dieu! madame, marchons là-dessus, s'il vous plaît, avec beaucoup de retenue; il est dangereux dans le monde de se mêler d'avoir de l'esprit. Il y a là-dedans un certain ridicule qu'il est facile d'attraper, et nous avons de nos amis qui me font craindre leur exemple.

JULIE. — Mon Dieu! Cléante, vous avez beau dire, je vois avec tout cela que vous mourez d'envie de me les donner; et je vous embarrasserais si je faisais semblant de ne m'en pas soucier.

LE VICOMTE. — Moi, madame? vous vous moquez; et je ne suis pas si poëte que vous pourriez bien croire, pour..... Mais voici votre madame la comtesse d'Escarbagnas. Je sors par l'autre porte pour ne la point trouver, et vais disposer tout mon monde pour un divertissement que je vous ai promis.

SCÈNE II.

LA COMTESSE, JULIE, ANDRÉE ET CRIQUET dans le fond du théâtre.

LA COMTESSE. — Ah! mon Dieu! madame, vous voilà toute seule! Quelle pitié est-ce là! Toute seule! Il me semble que mes gens m'avaient dit que le vicomte était ici.

JULIE. — Il est vrai qu'il y est venu; mais c'est assez pour lui de savoir que vous n'y étiez pas pour l'obliger à sortir.

LA COMTESSE. — Comment! il vous a vue?

JULIE. — Oui.

LA COMTESSE. — Et il ne vous a rien dit?

JULIE. — Non, madame; et il a voulu témoigner par là qu'il est tout entier à vos charmes.

LA COMTESSE. — Vraiment, je le veux quereller de cette action. Quelque amour que l'on ait pour moi, j'aime que ceux qui m'aiment rendent ce qu'ils doivent au sexe; et je ne suis point de l'humeur de ces femmes injustes qui s'applaudissent des incivilités que leurs amants font aux autres belles.

JULIE. — Il ne faut point, madame, que vous soyez surprise de son procédé. L'amour que vous lui donnez éclate dans toutes ses actions et l'empêche d'avoir des yeux que pour vous.

LA COMTESSE. — Je crois être en état de pouvoir faire naître une passion assez forte, et je me trouve pour cela assez de beauté, de jeunesse et de qualité, Dieu merci; mais cela n'empêche pas qu'avec ce que j'inspire on ne puisse garder de l'honnêteté et de la complaisance pour les autres. (*Apercevant Criquet.*) Que faites-vous donc là, laquais? Est-ce qu'il n'y a pas une antichambre où se tenir, pour venir quand on vous appelle? Cela est étrange qu'on ne puisse avoir en province un laquais qui sache son monde! A qui est-ce donc que je parle? Voulez-vous donc vous en aller là, dehors, petit fripon?

SCÈNE III.

LA COMTESSE, JULIE, ANDRÉE.

LA COMTESSE *à Andrée*. — Fille, approchez.

ANDRÉE. — Que vous plaît-il, madame?

LA COMTESSE. — Otez-moi mes coiffes. Doucement donc, maladroite comme vous me saboulez la tête avec vos mains pesantes!

ANDRÉE. — Je fais, madame, le plus doucement que je puis.

LA COMTESSE. — Oui; mais le plus doucement que vous pouvez est fort rudement pour ma tête, et vous me l'avez déboîtée. Tenez encor ce manchon. Ne laissez point traîner tout cela, et portez-le dans ma garde-robe. Hé bien! où va-t-elle? où va-t-elle? que veut-elle faire cet oison bridé?

ANDRÉE. — Je veux, madame, comme vous m'avez dit, porter cela aux garde-robes.

LA COMTESSE. — Ah! mon Dieu! l'impertinente! (*A Julie.*) Je vous demande pardon, madame. (*A Andrée.*) Je vous ai dit ma garde-robe, grosse bête, c'est-à-dire où sont mes habits.

ANDRÉE. — Est-ce, madame, qu'à la cour une armoire s'appelle un garde-robe?

LA COMTESSE. — Oui, butorde; on appelle ainsi le lieu où l'on met les habits.

ANDRÉE. — Je m'en ressouviendrai, madame, aussi bien que de votre grenier qu'il faut appeler garde-meuble.

SCÈNE IV.

LA COMTESSE, JULIE.

LA COMTESSE. — Quelle peine il faut prendre pour instruire ces animaux-là!

JULIE. — Je les trouve bien heureux, madame, d'être sous votre discipline.

LA COMTESSE. — C'est une fille de ma mère nourrice que j'ai mise à la chambre, et elle est toute neuve encore.

JULIE. — Cela est d'une belle âme, madame; et il est glorieux de faire ainsi des créatures.

LA COMTESSE. — Allons, des sièges. Holà, laquais! laquais! laquais! En vérité, voilà qui est violent de ne pouvoir pas avoir un laquais pour donner des sièges! Filles! laquais! laquais! filles! quelqu'un! Je pense que tous mes gens sont morts, et que nous serons contraintes de nous donner des sièges nous-mêmes.

SCÈNE V.

LA COMTESSE, JULIE, ANDRÉE.

ANDRÉE. — Que voulez-vous, madame?

LA COMTESSE. — Il se faut bien égosiller avec vous autres!

ANDRÉE. — J'enfermais votre manchon et vos coiffes dans votre armoi... dis-je, dans votre garde-robe.

LA COMTESSE. — Appelez-moi ce petit fripon de laquais.

ANDRÉE. — Holà, Criquet!

LA COMTESSE. — Laissez là votre Criquet, bouvière; et appelez, laquais!

ANDRÉE. — Laquais donc, et non pas Criquet, venez parler à madame. Je pense qu'il est sourd. Criq... Laquais! laquais!

SCÈNE VI.

LA COMTESSE, JULIE, ANDRÉE, CRIQUET.

CRIQUET. — Plaît-il?

LA COMTESSE. — Où étiez-vous donc, petit coquin?

CRIQUET. — Dans la rue, madame.

LA COMTESSE. — Et pourquoi dans la rue?

CRIQUET. — Vous m'avez dit d'aller là-dehors.

LA COMTESSE. — Vous êtes un petit impertinent, mon ami; et vous devez savoir que là-dehors, en termes de personne de qualité, veut dire l'antichambre. Andrée, ayez soin tantôt de faire donner le fouet à ce petit fripon-là par mon écuyer; c'est un petit incorrigible.

ANDRÉE. — Qu'est-ce que c'est, madame, que votre écuyer? Est-ce maître Charles que vous appelez comme cela?

LA COMTESSE. — Taisez-vous, sotte que vous êtes ; vous ne sauriez ouvrir la bouche que vous ne disiez une impertinence. (*A Criquet.*) Des sièges. (*A Andrée.*) Et vous, allumez deux bougies dans mes flambeaux d'argent ; il se fait déjà tard. Qu'est-ce que c'est donc, que vous me regardez tout effarée ?

ANDRÉE. — Madame...

LA COMTESSE. — Hé bien ! madame ! Qu'y a-t-il ?

ANDRÉE. — C'est que...

LA COMTESSE. — Quoi ?

ANDRÉE. — C'est que je n'ai point de bougies.

LA COMTESSE. — Comment ! vous n'en avez point ?

ANDRÉE. — Non, madame, si ce n'est des bougies de suif.

LA COMTESSE. — La bouvière ! Et où est donc la cire que je fis acheter ces jours passés ?

ANDRÉE. — Je n'en ai point vu depuis que je suis céans.

LA COMTESSE. — Otez-vous de là, insolente. Je vous renvoierai chez vos parents. Apportez-moi un verre d'eau.

SCÈNE VII.

LA COMTESSE ET JULIE *faisant des cérémonies pour s'asseoir.*

LA COMTESSE. — Madame !
JULIE. — Madame !
LA COMTESSE. — Ah ! madame !
JULIE. — Ah ! madame !
LA COMTESSE. — Mon Dieu ! madame !
JULIE. — Mon Dieu ! madame !
LA COMTESSE. — Oh ! madame !
JULIE. — Oh ! madame !
LA COMTESSE. — Hé ! madame !
JULIE. — Hé ! madame !
LA COMTESSE. — Hé ! allons donc, madame !
JULIE. — Hé ! allons donc, madame !
LA COMTESSE. — Je suis chez moi, madame. Nous sommes demeurées d'accord de cela. Me prenez-vous pour une provinciale, madame ?
JULIE. — Dieu m'en garde, madame !

SCÈNE VIII.

LA COMTESSE, JULIE, ANDRÉE *apportant un verre d'eau*, CRIQUET.

LA COMTESSE *à Andrée*. — Allez, impertinente, je bois avec une soucoupe. Je vous dis que vous m'alliez querir une soucoupe pour boire.

ANDRÉE. — Criquet, qu'est-ce qu'une soucoupe !

CRIQUET. — Une soucoupe ?

ANDRÉE. — Oui.

CRIQUET. — Je ne sais.

LA COMTESSE *à Andrée*. — Vous ne grouillez pas ?

ANDRÉE. — Nous ne savons tous deux, madame, ce que c'est qu'une soucoupe.

LA COMTESSE. — Apprenez que c'est une assiette sur laquelle on met le verre.

SCÈNE IX.

LA COMTESSE, JULIE.

LA COMTESSE. — Vive Paris pour être bien servie ! on vous entend là au moindre coup d'œil.

SCÈNE X.

LA COMTESSE, JULIE, ANDRÉE *apportant un verre d'eau avec une assiette dessus*, CRIQUET.

LA COMTESSE. — Hé bien ! vous ai-je dit comme cela, tête de bœuf ? C'est dessous qu'il faut mettre l'assiette.

ANDRÉE. — Cela est bien aisé. (*Andrée casse le verre en le posant sur l'assiette.*)

LA COMTESSE. — Hé bien ! ne voilà pas l'étourdie ! En vérité, vous me payerez mon verre.

ANDRÉE. — Hé bien ! oui, madame, je le payerai.

LA COMTESSE. — Mais voyez cette maladroite, cette bouvière, cette butorde, cette...

ANDRÉE *s'en allant.* — Dame ! madame, si je le paye, je ne veux point être querellée.

LA COMTESSE. — Otez-vous de devant mes yeux !

SCÈNE XI

LA COMTESSE, JULIE.

LA COMTESSE. — En vérité, madame, c'est une chose étrange que les petites villes ! on n'y sait point du tout son monde ; et je viens de faire deux ou trois visites où ils ont pensé me désespérer par le peu de respect qu'ils rendent à ma qualité.

JULIE. — Où auraient-ils appris à vivre ? ils n'ont point fait de voyage à Paris.

LA COMTESSE. — Ils ne laisseraient pas de l'apprendre, s'ils voulaient écouter les personnes ; mais le mal que j'y trouve, c'est qu'ils veulent en savoir autant que moi qui ai été deux mois à Paris et vu toute la cour.

JULIE. — Les sottes gens que voilà !

LA COMTESSE. — Ils sont insupportables avec les impertinentes égalités dont ils traitent les gens. Car enfin il faut qu'il y ait de la subordination dans les choses : et ce qui me met hors de moi, c'est qu'un gentilhomme de ville de deux jours ou de deux cents ans aura l'effronterie de dire qu'il est aussi bien gentilhomme que feu monsieur mon mari, qui demeurait à la campagne, qui avait meute de chiens courants, et qui prenait la qualité de comte dans tous les contrats qu'il passait.

JULIE. — On sait bien mieux vivre à Paris dans ces hôtels dont la mémoire doit être si chère. Cet hôtel de Mouhy, madame, cet hôtel de Lyon, cet hôtel de Hollande, les agréables demeures que voilà !

LA COMTESSE. — Il est vrai qu'il y a bien de la différence de ces lieux-là à tout ceci. On y voit venir du beau monde qui ne marchande point à vous rendre tous les respects qu'on saurait souhaiter. On ne se lève pas, si l'on veut, de dessus son siège ; et lorsque l'on veut voir la revue ou le grand ballet de Psyché, on est servi à point nommé.

JULIE. — Je pense, madame, que, durant votre séjour à Paris, vous avez fait bien des conquêtes de qualité.

LA COMTESSE. — Vous pouvez bien croire, madame, que tout ce qui s'appelle les galants de la cour n'a pas manqué de venir à ma porte et de m'en conter ; et je garde dans ma cassette de leurs billets qui peuvent faire voir quelles propositions j'ai refusées. Il n'est pas nécessaire de vous dire leurs noms ; on sait ce qu'on veut dire par les galants de la cour.

JULIE. — Je m'étonne, madame, que, de tous ces grands noms que je devine, vous ayez pu redescendre à un monsieur Tibaudier le conseiller, et à un monsieur Harpin le receveur des tailles. La chute est grande, je vous l'avoue ; car pour monsieur votre vicomte, quoique vicomte de province, c'est toujours un vicomte, et il peut faire un voyage à Paris s'il n'en a point fait ; mais un conseiller et un receveur sont des amants un peu bien minces pour une grande comtesse comme vous.

LA COMTESSE. — Ce sont gens qu'on ménage dans les provinces pour le besoin qu'on en peut avoir ; ils servent au moins à remplir les vides de la galanterie, à faire nombre de soupirants ; et il est bon, madame, de ne pas laisser un amant seul maître du terrain, de peur que, faute de rivaux, son amour ne s'endorme sur trop de confiance.

JULIE. — Je vous avoue, madame, qu'il y a merveilleusement à profiter de tout ce que vous dites : c'est une école que votre conversation, et j'y viens tous les jours attraper quelque chose.

SCÈNE XII.

LA COMTESSE, JULIE, ANDRÉE, CRIQUET.

CRIQUET *à la comtesse.* — Voilà Jeannot de monsieur le conseiller qui vous demande, madame.

LA COMTESSE. — Hé bien ! petit coquin, voilà encore de vos âneries. Un laquais qui saurait vivre aurait été parler tout bas à la demoiselle suivante, qui serait venue dire doucement à l'oreille de sa maîtresse : Madame, voilà le laquais de monsieur un tel qui demande à vous dire un mot ; à quoi la maîtresse aurait répondu : Faites-le entrer.

SCÈNE XIII.

LA COMTESSE, JULIE, ANDRÉE, CRIQUET, JEANNOT.

CRIQUET. — Entrez, Jeannot.

LA COMTESSE. — Autre lourderie ! (*A Jeannot.*) Qu'y a-t-il, laquais ? Que portes-tu là ?

JEANNOT. — C'est monsieur le conseiller, madame, qui vous souhaite le bonjour, et, auparavant que de venir, vous envoie des poires de son jardin avec ce petit mot d'écrit.

LA COMTESSE. — C'est du bon-chrétien qui est fort beau. Andrée, faites porter cela à l'office.

SCÈNE XIV.
LA COMTESSE, JULIE, CRIQUET, JEANNOT.

LA COMTESSE *donnant de l'argent à Jeannot.* — Tiens, mon enfant, voilà pour boire.

JEANNOT. — Oh! non, madame.

LA COMTESSE. — Tiens, te dis-je.

JEANNOT. — Mon maître m'a défendu, madame, de rien prendre de vous.

LA COMTESSE. — Cela ne fait rien.

JEANNOT. — Pardonnez-moi, madame.

CRIQUET. — Hé! prenez, Jeannot. Si vous n'en voulez pas, vous me le baillerez.

LA COMTESSE. — Dis à ton maître que je le remercie.

CRIQUET *à Jeannot qui s'en va.* — Donne-moi donc cela.

JEANNOT. — Oui! quelque sot!...

CRIQUET. — C'est moi qui te l'ai fait prendre.

JEANNOT. — Je l'aurais bien pris sans toi.

LA COMTESSE. — Ce qui me plaît de ce monsieur Tibaudier, c'est qu'il sait vivre avec les personnes de ma qualité, et qu'il est fort respectueux.

SCÈNE XV.
LE VICOMTE, LA COMTESSE, JULIE, CRIQUET.

LE VICOMTE. — Madame, je viens vous avertir que la comédie sera bientôt prête, et que dans un quart d'heure nous pouvons passer dans la salle.

LA COMTESSE. — Je ne veux point de cohue, au moins. (*A Criquet.*) Que l'on dise à mon suisse qu'il ne laisse entrer personne.

LE VICOMTE. — En ce cas, madame, je vous déclare que je renonce à la comédie; et je n'y saurais prendre de plaisir lorsque la compagnie n'est pas nombreuse. Croyez-moi; si vous voulez vous bien divertir, qu'on dise à vos gens de laisser entrer toute la ville.

LA COMTESSE. — Laquais, un siège. (*Au vicomte après qu'il s'est assis.*) Vous voilà venu à propos pour recevoir un petit sacrifice que je veux bien vous faire. Tenez, c'est un billet de monsieur Tibaudier, qui m'envoie des poires. Je vous donne la liberté de le lire tout haut; je ne l'ai point encore vu.

LE VICOMTE *après avoir lu tout bas le billet.* — Voici un billet du beau style, madame, et qui mérite d'être bien écouté.

« Madame, je n'aurais pas pu vous faire le présent que je vous en-
» voie si je ne recueillais pas plus de fruit de mon jardin que je n'en
» recueille de mon amour. »

LA COMTESSE. — Cela vous marque clairement qu'il ne se passe rien entre nous.

LE VICOMTE. — « Les poires ne sont pas encore bien mûres, mais elles en
» quadrent mieux avec la dureté de votre âme, qui, par ses continuels
» dédains, ne me promet pas poires molles. Trouvez bon, madame,
» que, sans m'engager dans une énumération de vos perfections et
» charmes, qui me jetterait dans un progrès à l'infini, je conclue ce
» mot en vous faisant considérer que je suis d'un aussi franc chrétien
» que les poires que je vous envoie, puisque je rends le bien pour le
» mal; c'est-à-dire, madame, pour m'expliquer plus intelligiblement,
» puisque je vous présente des poires de bon-chrétien pour des poires
» d'angoisse que vos cruautés me font avaler tous les jours.

» TIBAUDIER,
» Votre esclave indigne. »

Voilà, madame, un billet à garder.

LA COMTESSE. — Il y a peut-être quelque mot qui n'est pas de l'Académie; mais j'y remarque un certain respect qui me plaît beaucoup.

JULIE. — Vous avez raison, madame, et, monsieur le vicomte dût-il s'en offenser, j'aimerais un homme qui m'écrirait comme cela.

SCÈNE XVI.
M. TIBAUDIER, LE VICOMTE, LA COMTESSE, JULIE, CRIQUET.

LA COMTESSE. — Approchez, monsieur Tibaudier, ne craignez point d'entrer. Votre billet a été bien reçu, aussi bien que vos poires; et voilà madame qui parle pour vous contre votre rival.

M. TIBAUDIER. — Je lui suis bien obligé, madame; et si elle a jamais quelque procès en notre siège, elle verra que je n'oublierai pas l'honneur qu'elle me fait de se rendre auprès de vos beautés l'avocat de ma flamme.

JULIE. — Vous n'avez pas besoin d'avocat, monsieur; et votre cause est juste.

M. TIBAUDIER. — Ce néanmoins, madame, bon droit a besoin d'aide; et j'ai sujet d'appréhender de me voir supplanté par un tel rival, et que madame ne soit circonvenue par la qualité de vicomte.

LE VICOMTE. — J'espérais quelque chose, monsieur Tibaudier, avant votre billet; mais il me fait craindre pour mon amour.

M. TIBAUDIER. — Voici encore, madame, deux petits versets ou couplets que j'ai composés à votre honneur et gloire.

LE VICOMTE. — Ah! je ne pensais pas que monsieur Tibaudier fût poète : et voilà pour m'achever que ces deux petits versets-là.

LA COMTESSE. — Il veut dire deux strophes. (*A Criquet.*) Laquais, donnez un siège à monsieur Tibaudier. (*Bas à Criquet qui apporte une chaise.*) Un pliant, petit animal. Monsieur Tibaudier, mettez-vous là et nous dites vos strophes.

M. TIBAUDIER.

    Une personne de qualité
      Ravit mon âme :
    Elle a de la beauté,
    J'ai de la flamme;
    Mais je la blâme
    D'avoir de la fierté.

LE VICOMTE. — Je suis perdu après cela.

LA COMTESSE. — Le premier vers est beau. *Une personne de qualité!*

JULIE. — Je crois qu'il est un peu trop long; mais on peut prendre une licence pour dire une belle pensée.

LA COMTESSE *à M. Tibaudier.* — Voyons l'autre strophe.

M. TIBAUDIER.

  Je ne sais pas si vous doutez de mon parfait amour;
  Mais je sais bien que mon cœur à toute heure
    Veut quitter sa chagrine demeure
  Pour aller, par respect, faire au vôtre sa cour.
  Après cela pourtant, sûr de ma tendresse
    Et de ma foi, dont unique est l'espèce,
      Vous devriez à votre tour,
    Vous contentant d'être comtesse,
  Vous dépouiller on ma faveur d'une peau de tigresse
  Qui couvre vos appas la nuit comme le jour.

LE VICOMTE. — Me voilà supplanté, moi, par monsieur Tibaudier.

LA COMTESSE. — Ne pensez pas vous moquer : pour des vers faits dans la province, ces vers-là sont fort beaux.

LE VICOMTE. — Comment, madame, me moquer! Quoique son rival, je trouve ces vers admirables, et ne les appelle pas seulement deux strophes, comme vous, mais deux épigrammes, aussi bonnes que celles de Martial.

LA COMTESSE. — Quoi! Martial fait-il des vers? Je pensais qu'il ne fit que des gants.

M. TIBAUDIER. — Ce n'est pas ce Martial-là, madame; c'est un auteur qui vivait il y a trente ou quarante ans.

LE VICOMTE. — Monsieur Tibaudier a lu les auteurs, comme vous le voyez. Mais allons voir, madame, si ma musique et ma comédie, avec mes entrées de ballet, pourront combattre dans votre esprit les progrès des deux strophes et du billet que nous venons de voir.

LA COMTESSE. — Il faut que mon fils le comte soit de la partie, car il est arrivé ce matin de mon château avec son précepteur que je vois là-dedans.

SCÈNE XVII.
LA COMTESSE, JULIE, LE VICOMTE, M. TIBAUDIER, M. BOBINET, CRIQUET.

LA COMTESSE. — Holà, monsieur Bobinet, monsieur Bobinet, approchez-vous du monde.

M. BOBINET. — Je donne le bon vêpre à toute l'honorable compagnie. Que désire madame la comtesse d'Escarbagnas de son très-humble serviteur Bobinet?

LA COMTESSE. — A quelle heure, monsieur Bobinet, êtes-vous parti d'Escarbagnas avec mon fils le comte?

M. BOBINET. — A huit heures trois quarts, madame, comme votre commandement me l'avait ordonné.

LA COMTESSE. — Comment se portent mes deux autres fils, le marquis et le commandeur?

M. BOBINET. — Ils sont, Dieu grâce, madame, en parfaite santé.
LA COMTESSE. — Où est le comte?
M. BOBINET. — Dans votre belle chambre à alcôve, madame.
LA COMTESSE. — Que fait-il, monsieur Bobinet?
M. BOBINET. — Il compose un thème, madame, que je viens de lui dicter sur une épître de Cicéron.
LA COMTESSE. — Faites-le venir, monsieur Bobinet.
M. BOBINET. — Soit fait, madame, ainsi que vous le commandez.

SCÈNE XVIII.
LA COMTESSE, JULIE, LE VICOMTE, M. TIBAUDIER.

LE VICOMTE *à la comtesse*. — Ce monsieur Bobinet, madame, a la mine fort sage, et je crois qu'il a de l'esprit.

SCÈNE XIX.
LA COMTESSE, JULIE, LE VICOMTE, LE COMTE, M. BOBINET, M. TIBAUDIER.

M. BOBINET. — Allons, monsieur le comte, faites voir que vous profitez des bons documents qu'on vous donne. La révérence à toute l'honnête assemblée.
LA COMTESSE *montrant Julie*. — Comte, saluez madame, faites la révérence à monsieur le vicomte, saluez monsieur le conseiller.
M. TIBAUDIER. — Je suis ravi, madame, que vous me concédiez la grâce d'embrasser monsieur le comte votre fils. On ne peut pas aimer le tronc qu'on n'aime aussi les branches.
LA COMTESSE. — Mon Dieu! monsieur Tibaudier, de quelle comparaison vous servez-vous là!
JULIE. — En vérité, madame, monsieur le comte a tout à fait bon air.
LE VICOMTE. — Voilà un jeune gentilhomme qui vient bien dans le monde.
JULIE. — Qui dirait que madame eût un si grand enfant?
LA COMTESSE. — Hélas! quand je le fis, j'étais si jeune, que je me jouais encore avec une poupée.
JULIE. — C'est monsieur votre frère, et non pas monsieur votre fils.
LA COMTESSE. — Monsieur Bobinet, ayez bien soin au moins de son éducation.
M. BOBINET. — Madame, je n'oublierai aucune chose pour cultiver cette jeune plante dont vos bontés m'ont fait l'honneur de me confier la conduite; et je tâcherai de lui inculquer les semences de la vertu.
LA COMTESSE. — Monsieur Bobinet, faites-lui un peu dire quelque petite galanterie de ce que vous lui apprenez.
M. BOBINET. — Allons, monsieur le comte, récitez votre leçon d'hier au matin.
LE COMTE. *Omne viro soli quod convenit esto virile,*
Omne viri...
LA COMTESSE. — Fi! monsieur Bobinet, quelles sottises est-ce que vous lui apprenez là!
M. BOBINET. — C'est du latin, madame, et la première règle de Jean Despautère.
LA COMTESSE. — Mon Dieu! ce Jean Despautère-là est un insolent, et je vous prie de lui enseigner du latin plus honnête que celui-là.
M. BOBINET. — Si vous voulez, madame, qu'il achève, la glose expliquera ce que cela veut dire.
LA COMTESSE. — Non, non; cela s'explique assez.

SCÈNE XX.
LA COMTESSE, JULIE, LE VICOMTE, M. TIBAUDIER, LE COMTE, M. BOBINET, CRIQUET.

CRIQUET. — Les comédiens envoient dire qu'ils sont tout prêts.
LA COMTESSE. — Allons nous placer. (*Montrant Julie*.) Monsieur Tibaudier, prenez madame.
(*Criquet range tous les sièges sur un des côtés du théâtre; la comtesse, Julie et le vicomte s'asseyent; M. Tibaudier s'assied aux pieds de la comtesse.*)
LE VICOMTE. — Il est nécessaire de dire que cette comédie n'a été faite que pour lier ensemble les différents morceaux de musique et de danse dont on a voulu composer ce divertissement, et que...
LA COMTESSE. — Mon Dieu! voyons l'affaire. On a assez d'esprit pour comprendre les choses.
LE VICOMTE. — Qu'on commence le plus tôt qu'on pourra; et qu'on empêche, s'il se peut, qu'aucun fâcheux ne vienne troubler notre divertissement.

(*Les violons commencent une ouverture.*)

SCÈNE XXI.
LA COMTESSE, JULIE, LE VICOMTE, LE COMTE, M. HARPIN, M. TIBAUDIER, M. BOBINET, CRIQUET.

M. HARPIN. — Parbleu! la chose est belle; et je me réjouis de voir ce que je vois.
LA COMTESSE. — Holà! monsieur le receveur, que voulez-vous donc dire avec l'action que vous faites? Vient-on interrompre, comme cela, une comédie?
M. HARPIN. — Morbleu, madame, je suis ravi de cette aventure; et ceci me fait voir ce que je dois croire de vous, et l'assurance qu'il y a au don de votre cœur et aux serments que vous m'avez faits de sa fidélité.
LA COMTESSE. — Mais vraiment, on ne vient point ainsi se jeter au travers d'une comédie et troubler un acteur qui parle.
M. HARPIN. — Hé! tête-bleu! la véritable comédie qui se fait ici, c'est celle que vous jouez; et si je vous trouble, c'est de quoi je me soucie peu.
LA COMTESSE. — En vérité, vous ne savez ce que vous dites.
M. HARPIN. — Si fait, morbleu! je le sais bien; je le sais bien, morbleu! et...
(*M. Bobinet, épouvanté, emporte le comte et s'enfuit; il est suivi par Criquet.*)
LA COMTESSE. — Hé! fi, monsieur! que cela est vilain de jurer de la sorte!
M. HARPIN. — Hé! ventrebleu! s'il y a ici quelque chose de vilain, ce ne sont point mes jurements, ce sont vos actions; et il vaudrait bien mieux que vous jurassiez, vous, la tête, la mort et le sang, que de faire ce que vous faites avec monsieur le vicomte.
LE VICOMTE. — Je ne sais pas, monsieur le receveur, de quoi vous vous plaignez; et si...
M. HARPIN *au vicomte*. — Pour vous, monsieur, je n'ai rien à vous dire; vous faites bien de pousser votre pointe, cela est naturel. Je ne le trouve point étrange; et je vous demande pardon si j'interromps votre comédie : mais vous ne devez point trouver étrange aussi que je me plaigne de son procédé; et nous avons raison tous deux de faire ce que nous faisons.
LE VICOMTE. — Je n'ai rien à dire à cela; et ne sais point les sujets de plainte que vous pouvez avoir contre madame la comtesse d'Escarbagnas.
LA COMTESSE. — Quand on a des chagrins jaloux, on n'en use point de la sorte; et l'on vient doucement se plaindre à la personne que l'on aime.
M. HARPIN. — Moi, me plaindre doucement?
LA COMTESSE. — Oui. L'on ne vient point crier de dessus un théâtre ce qui se doit dire en particulier.
M. HARPIN. — J'y viens moi, morbleu! tout exprès : c'est le lieu qu'il me faut; et je souhaiterais que ce fût un théâtre public, pour vous dire avec plus d'éclat toutes vos vérités.
LA COMTESSE. — Faut-il faire un si grand vacarme pour une comédie que monsieur le vicomte me donne? Vous voyez que monsieur Tibaudier, qui m'aime, en use plus respectueusement que vous.
M. HARPIN. — Monsieur Tibaudier en use comme il lui plaît. Je ne sais pas de quelle façon monsieur Tibaudier a été avec vous; mais monsieur Tibaudier n'est pas un exemple pour moi, et je ne suis point d'humeur à payer les violons pour faire danser les autres.
LA COMTESSE. — Mais vraiment, monsieur le receveur, vous ne songez pas à ce que vous dites. On ne traite point de la sorte les femmes de qualité; et ceux qui nous entendent croiraient qu'il y a quelque chose d'étrange entre vous et moi.
M. HARPIN. — Hé! ventrebleu! madame, quittons la faribole.
LA COMTESSE. — Que voulez-vous donc dire avec votre Quittons la faribole?
M. HARPIN. — Je veux dire que je ne trouve point étrange que vous rendiez au mérite de monsieur le vicomte; vous n'êtes pas la première femme qui joue dans le monde de ces sortes de caractères et qui ait auprès d'elle un monsieur le receveur dont on lui voit trahir et la passion et la bourse pour le premier venu qui lui donnera dans la vue. Mais ne trouvez point étrange aussi que je ne sois point la dupe d'une infidélité si ordinaire aux coquettes du temps, et que je vienne vous assurer, devant bonne compagnie, que je romps commerce avec vous, et que monsieur le receveur ne sera plus pour vous monsieur le donneur.

LA COMTESSE. — Cela est merveilleux! Comme les amants emportés deviennent à la mode! on ne voit autre chose de tous côtés. Là, là, monsieur le receveur, quittez votre colère, et venez prendre place pour voir la comédie.

M. HARPIN. — Moi, morbleu! prendre place! (*Montrant M. Tibaudier.*) Cherchez vos benêts à vos pieds. Je vous laisse, madame la comtesse, à monsieur le vicomte, et ce sera à lui que j'enverrai tantôt vos lettres. Voilà ma scène faite, voilà mon rôle joué. Serviteur à la compagnie.

M. TIBAUDIER. — Monsieur le receveur, nous nous verrons autre part qu'ici, et je vous ferai voir que je suis au poil et à la plume.

M. HARPIN *en sortant*. — Tu as raison, monsieur Tibaudier.

LA COMTESSE. — Pour moi, je suis confuse de cette insolence.

LE VICOMTE. — Les jaloux, madame, sont comme ceux qui perdent leur procès; ils ont permission de tout dire. Prêtons silence à la comédie.

SCÈNE XXII.
LA COMTESSE, LE VICOMTE, JULIE, M. TIBAUDIER, JEANNOT.

JEANNOT *au vicomte*. — Voilà un billet, monsieur, qu'on nous a dit de vous donner vite.

LE VICOMTE *lisant*. — En cas que vous ayez quelque mesure à prendre, je vous envoie promptement un avis. La querelle de vos parents et de ceux de Julie vient d'être accommodée; et les conditions de cet accord, c'est le mariage de vous et d'elle. Bonsoir. (*A Julie.*) Ma foi, madame, voilà notre comédie achevée aussi.

(*Le vicomte, la comtesse, Julie et M. Tibaudier se lèvent.*)

JULIE. — Ah! Cléante, quel bonheur! Notre amour eût-il osé espérer un si heureux succès?

LA COMTESSE. — Comment donc! Qu'est-ce que cela veut dire?

LE VICOMTE. — Cela veut dire, madame, que j'épouse Julie; et, si vous m'en croyez, pour rendre la comédie complète de tout point, vous épouserez M. Tibaudier, et donnerez mademoiselle Andrée à son laquais, dont il fera son valet de chambre.

LA COMTESSE. — Quoi! jouer de la sorte une personne de ma qualité!

LE VICOMTE. — C'est sans vous offenser, madame; et les comédies veulent de ces sortes de choses.

LA COMTESSE. — Oui, monsieur Tibaudier, je vous épouse pour faire enrager tout le monde.

M. TIBAUDIER. — Ce m'est bien de l'honneur, madame.

LE VICOMTE *à la comtesse*. — Souffrez, madame, qu'en enrageant nous puissions voir ici le reste du spectacle.

FIN DE LA COMTESSE D'ESCARBAGNAS.

Paris. Typographie Plon frères, rue de Vaugirard, 36.

www.ingramcontent.com/pod-product-compliance
Lightning Source LLC
Chambersburg PA
CBHW070523050426
42451CB00013B/2818